LIVRE DE POCHE

DE

L'APPRÊTEUR

DE BIÈRES

en France et en Belgique.

COUPAGES ET MÉLANGES.

PRIX 6 FRANCS.

— DÉPOSÉ. —

DÉDIÉ

à Messieurs les brasseurs,

par la Rédaction du MONITEUR DE LA BRASSERIE.

1871

LIVRE DE POCHE

DE

L'APPRÊTEUR

DE BIÈRES

en France et en Belgique.

COUPAGES ET MÉLANGES.

PRIX 6 FRANCS.

— DÉPOSÉ. —

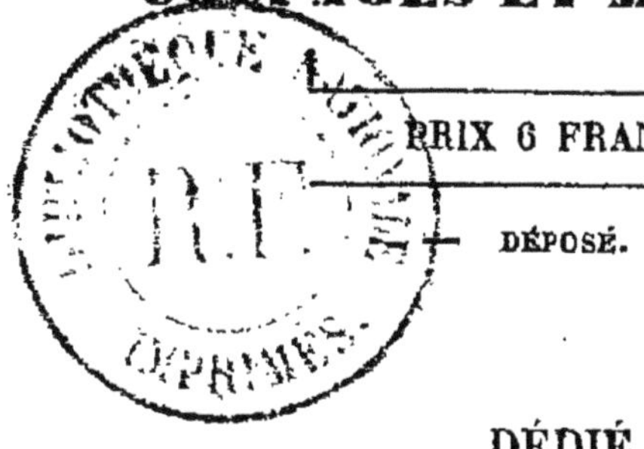

DÉDIÉ

à Messieurs les brasseurs,

par la Rédaction du MONITEUR DE LA BRASSERIE.

1871

LIVRE DE POCHE

DE

L'APPRÊTEUR DE BIÈRES.

Utilité du coupage et de l'apprêt des bières.

Dans certaines contrées, on ne boit pas la bière jeune sans mélange de vieille, ni la vieille sans mélange de jeune.

En outre, beaucoup de brasseurs, en été surtout, sont fort embarrassés de bières qu'ils doivent laisser en magasin, parce qu'elles sont ou trop amères, ou trop aigres ou atteintes d'un défaut quelconque.

D'autres ne reçoivent que des demandes de bières mêlées, ce qui fait qu'à chaque brassin, la totalité ou au moins une grande partie de leur bière forte leur reste sur les bras.

D'autres enfin, sont dans l'impossibilité de fabriquer immédiatement de nouveaux produits, comme en ce moment, où un grand nombre d'ou-

vriers brasseurs et de brasseurs mêmes ont dû
quitter le fourquet pour le Chassepot, et voler au
bord du Rhin défendre la patrie en danger.

Dans ces circonstances, le coupage ou l'apprêt
des bières est une opération utile et même nécessaire. Elle s'exécute toujours, sans contredit, dans
l'intérêt du brasseur, car ce procédé lui permet de
donner un bouquet agréable et toujours le même à
une bière qui est le résultat du mélange de bière
aigre et de bière douce, ou d'autres bières laissant
un peu à désirer (ne présentant toutefois aucune
altération) avec la bonne.

A Bruxelles, le commerce des bières rapporte
beaucoup. Il y a là des apprêteurs qui se retirent
des affaires après 10 à 15 ans de travail. Ils se
contentent d'acheter des lambics et des mars,
bière forte et petite bière; avec cela ils font des
faros de diverses qualités qu'ils débitent et reven-
dent en gros. Leurs bénéfices sont énormes. La
brasserie bruxelloise, au contraire, qui se con-
tente de brasser, donne de minces résultats.

C'est que dans le commerce des bières, les
fonds sont bien employés et fructifient. Il n'est
pas besoin d'avoir vingt mille francs de briques
et fourneaux pour germoirs et tourailles. Pourquoi
les brasseurs ne s'occupent-ils pas plus de la vente,
de l'apprêt et du débit de leurs bières, en laissant
à d'autres le soin difficile de leur préparer du bon

malt? Ils s'en trouveraient assurément mieux.

On doit dire en tous cas que le coupage est une des manipulations les plus importantes de la brasserie.

Nous croyons donc répondre au désir de beaucoup de nos lecteurs en traitant ici cette question sous ses différents points de vue.

Apprêt des bières.

En quoi consiste cette opération?

Quel est son but?

Quelques espèces de bières, comme le lambic, le faro, etc., demandent, avant le collage, à être mélangées en diverses proportions avec d'autres bières de même espèce plus ou moins fortes, plus ou moins faites et plus ou moins houblonnées. Ordinairement même, à ces espèces de bières, l'on ajoute du sucre ou des sirops, après quoi on procède immédiatement au collage, et ces opérations réunies constituent ce qu'on désigne généralement sous le nom d'*apprêt des bières*.

Ces différentes opérations ne se font pas toujours chez les brasseurs; en Belgique surtout, elles se pratiquent communément chez les cabaretiers et marchands de bières qui font le commerce de cette boisson et la brassent en quelque sorte à leur

manière en opérant les susdits mélanges dans leurs
celliers.

L'apprêt proprement dit des bières, c'est-à-dire
la manière de mélanger plusieurs sortes de bières
pour en former un type unique, est chose non
moins difficile sans doute que la manière de brasser. Car dans les contrées où l'on pratique ordinairement cette manipulation, les bières sont tantôt
amères, tantôt acides, enfin ont souvent un goût
si différent, qu'il faut un palais bien exercé et
bien délicat pour obtenir, en mélangeant ces bières
dans certaines proportions, toujours sensiblement
le même goût et le même bouquet, tout en les faisant passer toutes pour bonnes.

Ces mélanges de diverses qualités de bières ont
donc généralement pour but principal de produire
une boisson qui ait toujours le même cachet,
c'est-à-dire qui ait sensiblement le même goût,
la même couleur et le même flairet que celle qu'on
est dans l'habitude de donner à telle ou telle
classe de consommateurs. Cependant dans la plupart des bières qu'on prépare ainsi, l'on ajoute
ordinairement une certaine quantité de bière récemment brassée, et cela, disent la plupart des
brasseurs, a pour but de la rendre moelleuse et de
la faire mousser.

Les proportions de bières jeunes qu'on emploie
ordinairement ne sont pas suffisantes pour donner

beaucoup de moelleux au mélange; mais ce moyen est très-efficace pour ranimer un légère fermentation, les faire travailler et revivifier les bières trop vieilles. En effet, la bière jeune, c'est-à-dire récemment brassée, renferme encore plus ou moins de levure et ne tarde pas à mettre en fermentation les principes sucrés que l'on ajoute ordinairement au mélange, ce qui la rend fortement mousseuse au bout de peu de jours, si l'on a soin de bien fermer le tonneau, ou mieux de la mettre en bouteilles.

A quelle phase de la fabrication fait-on les coupages?

Le coupage le plus généralement pratiqué est celui qui consiste à mélanger de la bière jeune et de la bière vieille.

J'entends par bière jeune celle à peine brassée, et par bière vieille, celle ayant d'un à deux ans d'âge.

Ce mélange de bière vieille a lieu à différentes périodes pendant et après la fermentation. Il y a des brasseurs qui font le mélange dans la cuve-guilloire, quelques heures avant l'entonnement, d'autres le font 24 heures avant l'entière fermentation des tonnes. La généralité coupe la bière après son entière fermentation ou quelques jours plus tard.

Celle coupée à la cuve-guilloire, au commencement de la fermentation du moût, est la première potable pour être livrée à la consommation. Lors du coupage, on y ajoute communément le colorant nécessaire, quelquefois du sucre et autres ingrédients selon le goût de la localité.

Ainsi à Bruxelles, dans la préparation du faro, on se sert de deux qualités de moût, les deux premières trempes cuites ensemble formant la première qualité ou lambic, et les deux dernières formant l'autre qualité ou bière de mars.

Quelques brasseurs réunissent ces deux qualités de moût dans la cave-guilloire et entonnent le mélange, l'emmagasinent et le laissent fermenter comme le lambic et la bière de mars.

Toutefois, cette espèce de bière se prépare plus généralement chez les marchands de bière proprement dits, en mélangeant le lambic avec à peu près partie égale de bière de mars entonnée et fermentée séparément. Et lors même que le faro a été préparé en cuve-guilloire, il n'est presque jamais livré à la consommation sans subir un coupage avec un brassin soit plus jeune, soit plus vieux, avec addition de sucre ou de sirop.

Nous verrons plus loin les avantages de ce

deux modes de procéder et jusqu'à quel point la législation en tolère la pratique.

DU COUPAGE DES BIÈRES.

Ce mot a deux acceptions bien distinctes; il est pris en bonne et en mauvaise part. Le coupage constitue tantôt une *amélioration*, tantôt une *falsi-fication*. C'est une lame à deux tranchants; elle doit donc être maniée avec prudence.

Bien des gens du monde, et des brasseurs aussi, seront fermement convaincus qu'une bière *coupée* est toujours un produit défectueux, chez lequel on a eu intérêt à voiler un vice de fabrication ou de conservation. L'obstination dans les idées provient de la manière dont on les conçoit, mais elle prend aussi sa source dans l'ignorance. Si l'on savait combien le coupage est une opération logique, avantageuse, nécessaire ou indispensable, on n'aurait pas pour lui cette sainte terreur qu'on témoigne généralement, et si des mélanges blâmables ont été effectués avec la bière, doit-on proscrire sans appel une sorte d'alliage, d'apprêt, qui est à la fabrication des bières ce que la toilette est à la beauté?

Le coupage des bières constitue un métier et un talent. Nous voyons à Bruxelles des *bier-steekers* à qui l'on ne dénie pas des journées de 7, 8 et 9 francs. Cela nous autorise donc à penser que ceux qui emploient les *bier-stœkers* et qui pratiquent des coupages ne s'en trouvent déjà pas si mal. Que deviendraient la brasserie et les buveurs de bière dans des localités comme Bruxelles, si les bières n'étaient pas coupées ?

C'est qu'en effet pas une chope de bière ne paraît sur la table des cabarets, dont on ne puisse dire à coup sûr : « Elle a été coupée, préparée par les coupeurs de bière. »

Il est très-simple de jeter en cuve-matière de la mouture et des trempes, de les extraire, de les cuire, de les aromatiser avec du houblon et de les laisser fermenter; mais est-on certain que cela plaise, d'emblée, aux consommateurs ? Il y a cent à parier contre un que cinq fois sur dix on manquera le but : tel brassin sera dur, tel autre douceâtre, celui-ci trop houblonné, celui-là trop alcoolique, ou pas assez nibelleux, etc. En un mot, lorsqu'on n'est pas à même de commander au goût des consommateurs, il est impossible de tomber juste et de leur fournir à point nommé ce qu'ils voudraient. C'est un problème difficile à résoudre : 1° d'apprendre les véritables exigences de ses clients; 2° de fabriquer et de produire conformément à ces exigences.

Le coupage, bien entendu, permet d'atteindre plus aisément ce dernier résultat, puisque, si des

bières possèdent des défauts, on peut corriger
ceux-ci par un mélange avec d'autres bières.
Voici, par exemple, une bière dure et alcoolique;
je vais la mélanger, dans une proportion étudiée,
avec une bière douce, sucrée; si je saisis bien les
proportions, j'obtiendrai pour effet qu'un vice aura
corrigé l'autre.

Autre exemple. Un brassin a subi, par suite de
circonstances indépendantes de ma volonté, de
mes efforts, un degré trop grand d'atténuation; la
fermentation a dépassé les limites voulues, voilà
une bière peu conservable; mais deux jours après,
un autre brassin a, au contraire, fermenté avec
peu d'énergie, du sucre ou assez grande quantité
est demeuré intact; eh! bien, le simple bon sens
ne m'indique-t-il pas de mélanger ces bières par
parties égales? N'est-ce pas un moyen simple et
infaillible pour diminuer la richesse alcoolique de
l'une au profit de l'autre et pour ramener à des
proportions convenables la quantité de sucre qui a
échappé à la fermentation? Le liquide renfermant
un excès d'alcool ne va-t-il pas enrichir très-à-
propos celui qui est trop pauvre, le liquide trop
riche en sucre ne va-t-il pas enrichir non moins
à-propos celui qui en est dépourvu et pourvoir à
sa conservation ultérieure?

Si le coupage a été parfois opéré dans un but
blâmable, faut-il le proscrire lorsqu'il y a avantage

ou nécessité d'y avoir recours? Faut-il laisser im-
propre à la consommation une quantité de bière
plus ou moins considérable, faut-il la laisser dé-
périr ou la jeter à la voirie, parce qu'elle n'a pas
atteint le but proposé? Assurément non. Mieux
vaut comprendre ses intérêts que de s'écrier avec
entêtement : « Je ne veux pas couper, mélanger,
tripoter mes bières, je laisse cela à mes concur-
rents. »

Mais c'est précisément lui *faire un pont d'or*
et lui donner de gaîté de cœur, à ce concurrent
peut-être redoutable déjà, tous les éléments nécessaires pour vous enlever votre clientèle et
donner à ses produits cette vogue en vertu de
laquelle le brasseur fait bientôt la loi aux cabaretiers au lieu de se la laisser faire par eux, ainsi
que cela n'arrive que trop communément. C'est
dire : « ma fortune y passera plutôt que de céder
sur un principe, sur une idée. » Car, en effet,
sans coupage, pas de bénéfice possible dans certaines localités et avec certaines bières.

D'après ce qui précède, nous sommes donc autorisé à conclure que le coupage, fait en vue
d'*améliorer*, est une opération non-seulement li-
cite, mais parfaitement rationnelle et nécessaire.

Abordons maintenant le vif de la question et
voyons comment on doit opérer les coupages.

Le coupage s'effectue soit pendant la fabrica-

tion, soit après. Les uns opèrent le mélange en
cuve-guilloire, les autres quelques jours avant la
consommation. Il est aisé de concevoir que la
première méthode n'est pas tolérée en France ;
on payerait double droit, puisque l'impôt se paye
proportionnellement à la quantité de bière fabriquée. Le brasseur français qui veut recourir à
cette opération doit donc opérer avec des bières
fortes ou avec des petites bières ayant payé
chacune le droit de fabrication et même celui
d'octroi, s'il s'agit d'une usine soumise à ce dernier droit.

Les règles suivies pour le coupage s'apprennent
par expérience, elles ne s'enseignent pas. L'expérience, ce mot dit beaucoup ; il exige de grandes
connaissances pratiques et une habitude appro-
fondie de la dégustation.

De même que des ouvriers-brasseurs intelli-
gents reconnaissent à *priori* si un tonneau est
infect, ou non, ou suspect ; de même un bon cou-
peur, après une dégustation quelque peu super-
ficielle, reconnaît aussi à *priori*, tout de suite,
avec quelle autre bière il doit mélanger celle qui
lui est soumise ; il saisit immédiatement les proportions voulues pour obtenir un bon produit. Là il
mélangera par tiers, ici par quart, quelquefois par
parties égales. Après qu'il aura effectué le mélange et dégusté de nouveau pour bien constater

qu'il ne s'est pas trompé, on le verra la plupart du temps, ajouter une certaine dose de bon sucre ou de sirop.

C'est qu'il n'ignore pas qu'une bière soutirée, agitée, mélangée doit être remontée, afin de lui rendre toute la quantité de gaz carbonique qui s'est échappé pendant l'opération. La proportion de sucre additionnée ainsi est laissée à son arbitre, il y a impossibilité absolue de lui tracer des règles fixes à cet égard.

Du reste, cette habitude s'acquiert avec un peu de pratique, et point n'est besoin d'avoir vieilli longtemps dans les travaux de la brasserie et du cellier pour en savoir bientôt aussi long que lui. Un peu de jugement et de bonne volonté, joints à une connaissance mûrie des goûts de la clientèle, et bientôt l'élève devient aussi fort que le maître; il le dépassera même, si celui-ci est un routinier comme le sont assez généralement ces ouvriers.

A ceux qui n'ont pas l'habitude de la chose et qui veulent essayer, nous conseillons le coupage de la bière faite et mise en tonnes. Toutes choses égales d'ailleurs, l'opération est moins importante et moins délicate que le coupage d'un brassin entier. Ici la moindre bévue peut compromettre la réussite d'un nombre d'hectolitres assez considérable; là, au contraire, il s'agit de quantités moindres. « Faites toujours vos essais en petit et vous

vous en trouverez bien, » tel est le précepte re-
commandé par la prudence la plus vulgaire. Outre
cela, une fois la bière entonnée, toutes les tonnes
se comporteront-elles identiquement jusqu'au jour
de la mise en consommation. Que de chances d'altération n'ont-elles pas à subir jusque-là, surtout
si ce sont des produits de garde! Que de regrets,
quelles pertes d'argent, que de mécontentements
de la part des clients n'y a-t-il pas à redouter pour
le brasseur!

Ne laissons jamais rien au hasard, tâchons
d'opérer à coup sûr. C'est en coupant les bières
avant la mise en consommation qu'on atteindra ce
résultat.

Nous admettons cependant que ceux qui ont une
grande expérience du coupage, qui, fabriquant dans
de bonnes conditions de réussite, employant toujours de bon grain, de bon houblon, possédant des
ustensiles perfectionnés et irréprochables, obtiennent des produits toujours identiques à eux-mêmes,
nous admettons que ceux-là peuvent sans aucun
danger et sans aucun inconvénient opérer le mélange en cuve-guilloire. La longue pratique et les
connaissances approfondies qui les distinguent sont
des garanties à peu près certaines de réussite. Mais
la majorité des industriels est-elle dans ce cas?
Assurément non.

Cela nous autorise donc à dire que le coupage

en tonnes est plus rationnel; c'est celui que nous conseillons aux débutants. C'est par là qu'ils éviteront des écoles toujours regrettables et souvent coûteuses.

Et, en effet, n'est-il pas bien moins aisé de déguster une bière en cours de fabrication qu'une bière parachevée? Partant, le diagnostic pour les proportions du mélange n'est-il pas bien plus difficile à asseoir? Il faut sinon beaucoup d'habitude au moins beaucoup d'adresse pour voir clair et tomber juste dans ses prévisions.

Quelques objections contre le coupage.

Dans les articles qui précèdent, nous avons émis quelques considérations générales sur l'utilité du coupage et de l'apprêt des bières, sur l'époque à laquelle il convient de pratiquer cette opération, et nous avons cherché à débarrasser ce mot de l'espèce de répulsion qu'il inspire à certains consommateurs et même à beaucoup de brasseurs.

Nous avons montré également que le coupage en tonnes, après la fermentation, est le plus sûr et le plus rationnel, parce qu'alors le palais peut juger plus facilement des qualités des bières qu'il a à marier.

Avant d'aller plus loin, il nous reste à répondre succinctement à deux objections qui ont été adressées au coupage.

On dit

1° Le coupage est nuisible à la qualité des bières et à la santé des consommateurs. En mélangeant une bière bienfaisante, une bière vieille avec une jeune, on obtient un produit qui, somme toute, ne sera jamais très-salutaire.

2° Le coupage nécessite un soutirage, une agitation des liquides, ce qui occasionne l'échappement de l'acide carbonique, produce un nouveau liquide dépourvu de vie ou de mousse, et même la perte du bouquet et de l'arôme.

Sans doute le coupage est un pis-aller, un chemin détourné, pour arriver indirectement, au résultat qu'on n'a pas atteint, ou qu'on n'a pas pu atteindre directement. Aussi confessons-nous hautement qu'une bière bien réussie de premier jet, n'a pas besoin d'être coupée et ne doit l'être sous aucun prétexte. Il n'est pas nécessaire d'améliorer ce qui est suffisamment bon. La perfection a des limites qu'on ne saurait dépasser.

Mais on ne prouvera jamais, qu'un brasseur doive rendre très-difficile ou même impossible la vente de deux bières, sous prétexte que leur mélange est illogique ou capable de nuire à la *santé des consommateurs*.

Voilà un dernier mot qu'on met toujours en avant pour les besoins de sa thèse, et qui n'a pas la portée qu'on croirait. Le consommateur sait bien que les eaux-de-vie, les vins et d'autres boissons sont coupées. Cela l'empêche-t-il de les boire? Il devine bien, s'il ne le sait pas, que la bière est aussi coupée fréquemment. Cela l'arrête-t-il? Soupçonnera-t-il que deux bières saines, hygiéniques, deviendront pernicieuses si on les réunit? — Assurément non, le bon sens le lui indique.

Que lui importe, du reste, qu'une bière ait été coupée ou non, du moment qu'elle est bonne et qu'il la trouve telle ?

Il y a plus encore. A Bruxelles, le mélange s'opère *au vu et au su* du consommateur lui-même, et cela ne lui procure aucun souci pour sa petite santé. Allez voir ce qui se passe dans un grand nombre d'estaminets aristocratiques (les aristocrates tiennent beaucoup à suivre les ordres ou avis de Messieurs de l'Académie de médecine). Cela n'empêche pas qu'ils prennent très-souvent leur *half-en-half,* mélange composé dans le verre même, et qui consiste en une partie de lambic pour une de faro.

Au reste, comme nous l'avons déjà démontré, sans le coupage il faudrait jeter à la voirie une quantité énorme de bières dont les défauts sont masqués ou annihilés par cette opération.—Reste la seconde objection.

Effectivement, le coupage nécessite un soutirage, une agitation des liquides et leur enlève une partie de leur mousse, de leur vie.

Mais n'avons-nous pas précédemment prévu l'objection ? Le coupage ne doit pas être un simple mélange en tonnes dans des proportions étudiées. Il consiste aussi dans l'addition d'une certaine dose de sirop ou de sucre, destinée à remonter les bières et leur rendre le bouquet, l'arôme, la mousse et la vie nécessaires, et qu'une agitation, un soutirage leur avait provisoirement enlevés.

Ce dernier reproche, adressé au coupage, tombe de lui-même, quand l'opération a lieu en cuve-guilloire, puisque toutes les phases de la fermentation doivent encore s'accomplir, et que la bière additionnée doit profiter singulièrement de ces phénomènes.

Nous croyons être en droit de dire et de répéter : le coupage est une opération très-judicieuse, et il serait à désirer que l'usage s'en répandît. La brasserie française notamment a beaucoup à faire sous ce rapport.

Nous reviendrons en détail, par la suite, sur chacun des points que nous venons d'esquisser, et nous espérons faire rendre à cette opération du coupage toute la justice qu'elle mérite.

Quelques opinions concernant le coupage.

On a depuis longtemps mis en doute les avantages du coupage et la loyauté de cette manipulation. Les journaux spéciaux de la brasserie ont enregistré maintes discussion à ce sujet. Pour l'édification de nos lecteurs, nous croyons devoir reproduire ici une discussion où M. Ch. Godard a eu l'occasion de donner son appréciation.

La lettre suivante avait été adressée à M. Ch. Godard :

« Cassel (Nord).

« Monsieur Ch. Godard,

« Je vous prie de me répondre par la voie du *Moniteur de la Brasserie* à une question que je me permets de vous poser; c'est plutôt un conseil que je vous demande.

« Il s'agit de l'importance, pour l'industrie de la brasserie, au point de vue de la qualité et de la conservation des bières, du mélange des bières d'un âge différent.

« Peut-on, par exemple, mélanger une bière jeune, c'est-à-dire, dont la fermentation n'est que récemment accomplie, peut-on, dis-je, mélanger cette bière avec une bière de sept à dix mois pour former ce qu'on appelle de la *bière coupée*. Cette bière coupée peut-elle se conserver, est-elle sous le rapport de la qualité et de l'hygiène dans les mêmes conditions que la bière entière?

« Recevez, etc.   « E. W. »

Voici la réponse de M. Godard :

« Avant de résoudre les questions ci-dessus, qui soulèvent une multitude d'intérêts, je commencerai par définir ce que l'on entend dans le commerce en gros de la qualité désignée par *bières coupées,* puis, je signalerai l'abus qui s'est établi de cette définition aux bières de consommation.

« La définition « bières coupées » désigne que la fiction est employée pour faire écouler de la bière de mauvais aloi, gâtée ou mauvaise, par un mélange d'autres bières, en s'étudiant à déguiser les vices; la quantité des mélanges est donc relative aux imperfections à travestir. Cette invention ne doit son existence qu'à l'imperfection des fabrications qu'elle fait excuser aux dépens des consommateurs : le brasseur qui ne sait pas son métier, ne purge point sa bière, toutes les causes d'altération restent dans la boisson; il se trouve naturellement accablé de bière de renvoi des détaillants, il mêle cela avec des fonds de tonneaux, de la jeune bière et toutes les ordures de sa fabrication, il forme du tout un ambigu qui s'appelle bières coupées.

« Il y a une grande distinction à faire entre les mélanges honteux énoncés ci-dessus et les mélanges de bonnes bières de différents âges, et on les désigne par bières de consommation. En général, ces mélanges bien étudiés rehaussent la qualité des bières, surtout s'ils sont faits au moment de la consommation, dont elles portent la définition. L'expérience ne met à ma disposition que les louanges à faire sur ce sujet, mais c'est à deux conditions. La première, que les bières jeunes et vieilles soient également bien fabriquées, la seconde, que le mélange soit fait dans le moment le plus rapproché de la consommation.

« Le porter de la consommation ordinaire est formé de deux bières entières, je veux dire faites séparément, bien purgées, bien fermentées; l'une, appelée porter doux, est livrée fraîche aux débitants, l'autre se nomme vieux porter, a été brassée avec un malt préparé exprès pour la conservation en magasin. Ces bières ne sont jamais bues séparément. Le mélange se fait au moment de la consommation, et les proportions diffèrent dans chaque contrée, et même selon le goût des consommateurs.

« La bière de Bruxelles est aussi bière dite de consommation. Il y a de petits débitants qui vendent pour faro de la bière de mars dans laquelle on a mêlé un quart seulement de faro. Il y a de grands estaminets où l'on boit du faro rendu supérieur par l'addition d'une certaine quantité de lambic. Enfin, on entend souvent les amateurs demander un *half-en-half*, ce qui veut dire moitié faro, moitié lambic. Ces mélanges de jeunes, de vieilles, de faibles et de fortes bonnes bières se font au moment de la consommation et rehaussent toujours la qualité des bières.

« SECONDE QUESTION. — Les bières mélangées peuvent-elles se conserver? Réponse donnée par l'expérience. Quoique les bières aient été parfaitement bien fabriquées, je veux dire avec des malts appropriés pour chaque qualité de bière, et mûris à point pour amener les meilleurs résultats, quoique les moûts aient été bien oxygénés, et les bières débarrassées des causes d'altérations, qu'elles aient bien fermenté, bien guillé, et que la suite naturelle de ces conditions ait amené une limpidité parfaite de la bière, le mélange en empêche toujours la conservation. L'arôme disparaît le premier, ensuite le moelleux, terme du métier — puis les autres qualités; c'est une dégénérescence successive, dont le terme est confié aux lois de la métamorphose.

« TROISIÈME QUESTION. — Les bières mélangées sont-elles, sous le rapport de la qualité et de l'hygiène, dans les mêmes conditions que la bière entière? Non, jamais un mélange n'a la qualité d'une bière entière; un mélange ne ressemble en rien à une combinaison : ces raisons sont de pure œnologie. Et jamais également une boisson mélangée n'est aussi favorable à la santé. J'ai connu des personnes, habituées dans leur pays à boire de la bière entière, se trouver indisposées en se trouvant ailleurs obligées de boire de la bière mélangée.

« Je crois, Monsieur, avoir répondu à vos questions, je l'ai fait avec conscience.

« CHARLES GODARD. »

Cette lettre donna lieu à la correspondance suivante :

« Dunkerque, le 14 août 1860.

« Monsieur le Directeur,

« M. Godard, qui se tient si obligeamment à la disposition de la brasserie et qui lui communique ses lumières de la manière la plus désintéressée, n'aurait-il pas fait une erreur en condamnant le coupage des bières comme nuisible à leur qualité, ainsi qu'à la santé des consommateurs ?

« La pratique a depuis longtemps démontré chez nous, que par le mélange des bières de 7 à 10 mois, avec 1/4 ou 1/2 bières jeunes, elles dégagent plus d'acide carbonique, et par cette nouvelle combinaison sont d'un effet plus salutaire. Aussi ce moyen s'est-il généralisé à Dunkerque, et ce à la grande satisfaction des consommateurs.

« Il est bien entendu toutefois, comme le dit si judicieusement M. Godard, que ces mélanges ne peuvent se faire qu'avec des bières d'excellente qualité, dont la richesse alcoolique et saccharine soit suffisante; car s'il en était autrement, et que l'opération se fît avec des bières qui n'auraient pas, avant la mise en levain, 7 degrés de l'aréomètre Beaumé (pèse-sirop), l'opération serait compromise, car l'on n'obtiendrait plus alors que des bières éventées et de peu de conservation.

« J'espère que l'honorable M. Godard ne voudra voir dans ces simples observations qu'un but, celui de ne pas trop éloigner nos collègues qui tendent à améliorer leur fabrication. A ceux-ci, je dirai : essayez avec modération.

« En vous priant, Monsieur le Directeur, de bien vouloir donner place à ma lettre dans votre estimable journal,

« Recevez, etc.,   « A. R... »

Voici la réponse de M. Godard :

« Monsieur le Directeur,

« Dans le numéro 73 du *Moniteur de la Brasserie*, on lit ce qui suit :

« M. Godard n'aurait-il pas fait erreur en con-
« damnant le coupage des bières comme nuisible
« à leur qualité ainsi qu'à la santé des consomma-
« teurs ? »

L'auteur de la lettre ajoute :

« Par le mélange de bières vieilles et de bières
« jeunes, elles acquièrent plus de montant, de
« moelleux, dégagent plus d'acide carbonique, et

« par cette nouvelle combinaison sont d'un effet
« plus salutaire. »

« Je remercie M. R..... de ses observations.
J'accepte ses conclusions avec infiniment de plaisir, parce que j'espère que M. R..... voudra bien
m'instruire sur des particularités bien singulières
dont il parle, que je ne m'explique pas du tout;
en démontrant comment le mélange d'une bière
vieille avec une bière jeune n'en affecte point la
qualité; et en expliquant comment il se fait — car
c'est là surtout le prodigieux — que par le mélange
d'une vieille bière avec une bière jeune, elles deviennent d'un effet plus salutaire. »

« Dans la lettre du numéro 72 du *Moniteur de
la Brasserie*, j'ai dit en conscience ce que l'in-
struction professionnelle et l'expérience pratique
m'ont toujours démontré. En me promenant dans
l'œuvre des fermentations intestines qui s'accom-
plissent dans les bières, pour faire mon éducation
œnologique — Art de fabriquer les vins — j'ai
remarqué, ou du moins j'ai cru remarquer comment se forme successivement le gaz acide carbonique, et j'en ai distingué la décroissance. C'est
ce qui me donna l'idée de l'emploi d'une vessie
fixée à un petit robinet communiquant à la partie
supérieure de la tonne, comme indicateur certain
de l'état de la bière faite gardée en magasin. Et

j'ai toujours reconnu, que l'acide carbonique contenu intermoléculairement dans la bière en est le principe conservateur, de même que ce gaz conserve les principes des végétaux. C'est si vrai, que la bière qui en est dépourvue est insipide, dégénère et se perd immédiatement. Et c'est à cause du dégagement plus considérable de ce gaz, occasionné par le mélange en raison des combinaisons qui en résultent, que la conservation des bières, en les mélant, est diminuée de plus de la moitié : or donc, leur qualité en est affectée. J'ajoute à ces remarques celle-ci : un mélange diffère si essentiellement d'une combinaison, qu'il a pour conséquence inévitable une infinité de réactions, qui changent l'état moléculaire et la nature des matières. Et si j'invoquais à ce sujet les lois de la physique, je démontrerais que l'hétérogénéité est le premier principe, et le principe universel de la métamorphose de toutes les matières en général.

« Quant à la deuxième question, que le mélange d'une bière vieille avec une bière jeune en rend l'effet plus salutaire, nos auditeurs l'ont depuis longtemps résolue. Chacun sait qu'un vin vieux est le plus salutaire; qu'en ajoutant du vin nouveau à ce vin vieux, on le détruit, on lui fait perdre ses qualités, on le rend même indigeste. Considérons cette dernière question comme chose jugée et n'en parlons plus, il serait oiseux d'y revenir.

« M. R....., n'allez pas croire que j'aie l'intention de répandre entre nous les semences de la zizanie ; oh ! cela est bien loin de ma pensée....., je dis franchement ce que je crois, dans le seul but de faire briller la vérité ; ne l'obscurcissons jamais, soyons-lui toujours fidèle ; je crois la servir ici sincèrement ; si je suis insuffisant, il n'y a pas de ma faute. Alors instruisez-moi, Monsieur, instruisez-moi, je vous en supplie, faites-moi connaître comment s'accomplit ce que vous annoncez. Vous me verrez aussitôt publier à haute voix mon ignorance ; pourquoi craindrais-je de le faire, puisque l'ignorance fut toujours mon état naturel ! Je termine ma réplique, en vous offrant, Monsieur, tout ce qui dépendrait de moi pour vous être utile, si j'en étais capable ; ne fût-ce même que pour vous être agréable, je le ferais toujours avec plaisir.

« Recevez, etc.   « Charles GODARD. »

« Monsieur le Directeur,

« La verte réplique que m'ont attirée mes quelques réflexions sur le coupage des bières ne peut anéantir des faits : je ne mets pas en doute que si l'honorable Monsieur Godard avait été à même de porter un jugement de visu sur les résultats de ce mode d'opérer, il en aurait parlé d'une toute autre manière.

« Ne pouvant suivre M. Godard sur le vaste terrain de la science et laissant de côté les comparaisons qu'il veut établir avec le coupage des vins, je me renfermerai dans mon peu de connaissances théoriques, lesquelles, jointes à une longue pratique, m'ont suffisamment éclairé sur les faits que j'ai avancés, et afin de donner à M. Godard les moyens de se convaincre, je lui expédierai deux petits fûts de bières, jeune et vieille ; j'espère qu'il ne se refusera pas à faire un essai, et l'engage à cet effet à faire le mélange de ces deux bières après qu'elles auront huit jours de repos ; il s'assurera alors de la valeur de ces combinaisons.

« Quant à la pensée de croire que de ces réflexions il puisse sortir de la zizanie entre l'honorable M. Godard et moi, qu'il veuille bien se rassurer ; la science à qui je dois tant de reconnaissance est un sûr garant que je ne serai jamais ingrat envers ceux qui y consacrent une grande partie de leur existence. Je saurai leur conserver mon admiration.

« Aux hommes éminents, et à M. Godard en particulier, je dirai, dans toute la sincérité de mon cœur, la brasserie vous devra beaucoup, et appuyée de vos lumières, elle saura appliquer avec fruit les ressources de vos patientes et laborieuses recherches, et ce sera, pour ma part, toujours avec un bien vif sentiment de gratitude que j'userai des connaissances que M. Godard met d'une manière aussi désintéressée à la disposition de notre industrie.

« En vous priant, Monsieur le Directeur, de vouloir bien insérer ma lettre dans le prochain numéro de votre estimable journal, je vous présente mes respectueuses salutations.

« A. R..... »

Nous avons déjà eu l'occasion de rencontrer les principales objections soulevées dans ce débat.

Nous croyons devoir ajouter à ces dernières observations d'un bon praticien que l'argument tiré du mélange des vins ne nous paraît avoir ni la justesse, ni l'importance que lui attribuait l'honorable M. Godard.

Il n'y a pas de comparaison à établir entre une vieille bière, qui est rarement généreuse, et un vin vieux qui l'est presque toujours.

Un vieux vin est toujours assez riche pour avoir une conservation assurée, sans en demander les éléments à un jeune vin. A moins qu'il ne soit arrivé à cette époque — variable pour les différentes espèces de vins, — de décrépitude, de dégénérescence, où il s'éteint et perd toutes ses qualités de force et de saveur. Son mélange avec un vin plus riche en éléments transformables serait le seul moyen de lui rendre alors de la vie, de la jeunesse, du goût.

Au reste, il ne viendra à l'idée d'aucun vigneron de vouloir améliorer un vin supérieur par un mélange quelconque, comme aucun brasseur n'essayera d'améliorer une bière excellente par un coupage avec une autre bière.

Le but des coupages est tout autre. En ce qui concerne les vins, les mélanges permettent aux producteurs qui n'ont pas les moyens d'obtenir des crûs supérieurs de tirer un parti avantageux de cette énorme quantité de vins communs ou sans qualité qu'on rencontre en France, notamment. Le seul moyen d'obtenir des vins sains, agréables, pouvant se conserver, et d'un prix raisonnable, c'est de corriger les défauts des uns par les qualités des autres.

Voilà surtout en quoi consiste l'amélioration, pour les vins, comme pour les bières.

Il y a d'ailleurs une différence notable entre le vin et la bière; c'est que le vin ne contient pas autant de matières albumineuses et de ferment que la bière, et que par suite le travail de fermentation, de régénération est bien plus profond dans les bières que dans les vins.

Ajouter de la jeune bière à la vieille, c'est ajouter du kreuzenbier comme font les Allemands , c'est ajouter à une vieille bière, qui est déjà avancée dans la fermentation tertiaire, du sucre et un ferment, c'est-à-dire les *principes constituants* propres à la ramener dans son état normal.

La bière coupée devient plus fraîche, parce qu'il se produit une petite fermentation ou effervescence.

Elle devient plus digestible ou plus salutaire, parce qu'il y a dégagement d'acide carbonique.

Elle devient plus moelleuse, parce qu'on y met de bon sucre ou sirop.

Habich, du reste, est loin de partager cette opinion de Ch. Godard, et voici ce qu'il dit entre autres à ce sujet : M. Godard, le savant praticien belge, a soutenu, dans le *Moniteur de la Brasserie*, le principe qu'une bière vieille et une bière jeune (belges et de fermentation haute) ne pourraient, sans préjudice, être mélangées. Le remontage des vieilles bières par des jeunes a depuis longtemps démontré que cette croyance est erronée et que ces craintes n'ont pour bases que la routine et la superstition.

LE COUPAGE DES BIÈRES

est-il une fraude?

Nous croyons encore devoir revenir sur ce point, afin de le préciser.

Il y a deux sortes de coupages :

Le mélange de bières saines, avec d'autres bières également bien conditionnées, mais de force, de qualité et d'âge différents;

Le mélange de bières saines, fortes ou faibles, avec des bières viciées, dégénérées ou gâtées.

Au point de vue hygiénique, le premier est parfaitement permis; il a pour mobile un but économique, qui est de composer une boisson à la portée de la grande masse des consommateurs.

Le second est moins délicat et pourrait être taxé de fraude et de tromperie.

Si l'on voulait pousser les choses à l'extrême, on pourrait dire que ce mélange de bières viciées est une fraude, d'abord parce qu'il fait passer pour bonne une marchandise dépréciée, et ensuite parce que la boisson ainsi obtenue peut être insalubre.

Mais si l'on se rend compte des faits, on verra que cette accusation porte à faux, parce que si la bière est réellement avariée au point d'être nuisible à la santé, le mélange ne pourra se faire, vu qu'il serait lui-même perdu et invendable.

Ainsi, le brasseur qui aurait un tonneau de bière putride, et qui voudrait le rendre vendable en le distribuant dans dix autres tonneaux de bière fraîche et bonne, arriverait tout simplement à rendre putrides et invendables dix tonneaux au lieu d'un seul.

Loin donc de poser un acte trompeur et d'acquérir un gain illégitime, le brasseur ferait une opération doublement mauvaise, en perdant la bonne bière avec la mauvaise, et en faussant sa réputation qui est pour lui d'une importance capitale. Cette fraude n'est donc pas à craindre, et personne ne la conseillera.

Les circonstances sont toutes autres quand il s'agit de bières qui ne sont que peu avariées, qui ont seulement perdu, en tout ou en partie, une de leurs qualités; c'est-à-dire qui sont fades, amères, éventées, aigrelettes, dures, etc., tous défauts qui n'en font pas des boissons malsaines, mais qui les rendent peu propres à la vente et à la consommation.

La loi a permis les mélanges de vins. Elle les a autorisés, parce qu'avec leur aide, on peut, quand ils sont convenablement pratiqués, améliorer la plupart de nos vins qui ont des caractères particuliers de goût et de saveur qui les rendent parfois impropres à la consommation. Le coupage les

ramène à un type uniforme et général de goût, de
saveur et de constitution qui en fait une boisson
hygiénique.

La même chose doit être pratiquée pour les
bières qui, sans compter les défauts qu'elles
peuvent acquérir, ont naturellement des saveurs
très-diverses, qu'il incombe encore au brasseur
d'obtenir et de varier suivant le goût des consommateurs et des localités.

Il est encore une autre raison qu'il importe
d'apprécier : c'est qne le brasseur peut avoir sur
les bras tout un brassin, — c'est-à-dire un fabricat
représentant une somme considérable, — entaché
d'un léger défaut qui nuit à sa vente : il peut
être d'un goût trop dur, avoir une odeur peu
agréable, manquer de corps, de clarté, etc.

Il serait ridicule d'interdire à l'industriel de
rendre à cette bière la plénitude de ses qualités
par une opération intelligente et tout à fait inoffensive.

DES DIFFÉRENTS SUCRES
employés au coupage.

L'emploi des sucres, avantageux dans le brassage, est presque indispensable dans la préparation et le coupage des bières.

Il s'agit, en effet, ici, la plupart du temps, de

restituer à une ou plusieurs bières le moelleux, la
douceur, le piquant, la vinosité qu'elles ont perdus; les sources où elles doivent puiser ces précieuses qualités sont le ferment et le sucre.

En outre, ainsi que nous l'avons déjà dit, tout
coupage ou mélange de bières nécessite un soutirage, c'est-à-dire une exposition à l'air, ou au
moins une agitation de la bière. Pendant cette
opération, — et c'est là une des objections que
l'on soulève contre le coupage, — il s'échappe
une quantité plus ou moins forte de l'acide carbonique de la bière, ce qui lui ôte de son piquant,
de sa mousse, de sa fraîcheur.

Il importe donc de lui restituer ces éléments
précieux par une addition de bon sucre.

Ce sucrage du mélange ne deviendrait guère
inutile que dans le cas où l'on ferait entrer dans
le coupage une bière très-verte, très-riche, ayant
peu fermenté, un véritable kreusenbier, appor-
tant avec elle tous les éléments de révivification.

Plusieurs sortes de sucre sont à la disposition
du préparateur de bières, mais toutes ne conviennent pas également, et il en est même qui doivent
être rejetées tout à fait.

Ces sortes de sucres sont les *sucres de betteraves*, les *sucres de fécule ou glucoses*, le *sirop de
canne préparé*, la *cassonade de candi*, le *sucre*

brut, le *sucre candi* en pierre, et même le *sucre blanc* raffiné.

Il faut d'abord observer que le sucre de canne, avant de pouvoir se dédoubler en alcool et en acide carbonique, doit d'abord se transformer en glucose ou sucre incristallisable en se combinant avec de l'eau. Cette transformation peut se faire par l'action seule de la levûre.

On peut donc voir déjà que le bon sucre n'est pas le même pour l'épicier et pour le brasseur et que le plus mauvais sucre, pour le premier, est le meilleur pour le second, en supposant que toute substance étrangère fermentescible ait été éliminée.

Le sucre blanc raffiné, en pains, serait évidemment le sucre le plus convenable pour le coupage des bières supérieures, car c'est le plus pur et le plus dépourvu de goûts et d'arômes étrangers. Mais son prix élevé est un obstacle qui en rend l'usage impossible.

Les sucres de betteraves doivent être proscrits impitoyablement, parce que, si bien purifiés qu'ils soient, ils gardent toujours un mauvais goût d'origine et des éléments fermentescibles, dont l'effet est désastreux pour la bière.

Il faut remarquer que dans le cas dont il s'agit, la bière ne subit plus qu'une fermentation insensible; par suite, les sucres qu'on y ajoute lui communiquent, jusqu'à un certain point, leurs goûts et leurs arômes; il importe donc qu'ils soient purs et francs de goût.

Les sirops de fécule ne conviennent pas plus aux coupages ; ils ne produisent pas assez d'effervescence, d'acide carbonique ; la bière glucosée est fade et écœurante.

Ils ont eu outre un grand inconvénient, c'est d'être à un prix qui n'est pas en rapport avec les services qu'ils rendent. Les Anglais n'emploient jamais ces sucres. Il est vrai que la fabrication des sirops a fait de grands progrès. Il y a une dizaine d'années, les sirops de fécule donnaient à la bière une saveur nauséabonde et repoussante. Aujourd'hui ces sirops sont mieux épurés, mais ils sont toujours moins avantageux à employer que les sucres et sirops de canne purs.

La conservation, la vie de la bière faite est subordonnée à la condition de contenir toujours une provision suffisante de sucre.

Cette condition est plus indispensable peut-être encore dans les bières coupées, car celles-ci renferment généralement des bières jeunes — c'est-à-dire des ferments — et des bières vieilles — c'est-à-dire un stimulant du ferment. Il importe donc de donner un aliment à cette transformation

du sucre, et l'agent qui convient le mieux, disons-
nous, c'est le sirop épuré et les mélasses bon goût,
qui ont l'avantage — bien précieux dans le cas
des coupages de bières faites, — de ne produire
que peu ou point de levûre nouvelle.

Les mélasses bon goût offrent une très-grande
ressource au préparateur de bières, au point de
vue d'une économie de grains d'abord, et ensuite
d'une amélioration de sa bière.

En effet, le sucre développant la fermentation
d'où naissent l'alcool et l'acide carbonique, il n'y
a pas de mauvaise bière possible en employant du
sucre, sous forme de mélasse ou sirop.

Les sirops de canne renferment beaucoup plus
de sucre que le sirop de fécule, et par conséquent
produisent plus d'alcool.

Cette richesse saccharine ou sucrante offre quelquefois des inconvénients, si l'emploi de ces sirops
est pratiqué sans expérience. Mais ces inconvénients ne se produisent que l'été, attendu que la
chaleur est un des plus puissants éléments de la
fermentation.

Pour obvier à cet inconvénient, il ne s'agit que
de prendre les précautions que réclame tout produit riche, fin, délicat; il faut, comme pour les
bières de Bavière, tenir constamment les bières à
une basse température.

Nous ne nous servons pas indifféremment des mots de *mélasses* et de *sirops*. Les *mélasses* sont le produit brut du raffinage du sucre ; elles portent avec elles ce goût de brûlé et de chaudière qui ne se perd pas, même après l'acte de fermentation.

Les *sirops* sont des produits qui sont eux-mêmes raffinés, et qui par cela même ont la pureté du sucre cristallisé. Ils conviennent donc éminemment pour les coupages.

Pour les fortes et fines bières, il ne convient pas d'employer des mélasses; mais dans les bières communes, les mélasses de canne de Marseille sont d'un emploi satisfaisant et utile.

Les mélasses dont il faut surtout se méfier, malgré et surtout pour leur beauté apparente, sont celles raffinées et mélangées à du glucose ; elles acquièrent par ce mélange une limpidité remarquable au détriment de leurs qualités saccharines. En un mot, elles ne rendent pas ce qu'elles coûtent.

L'emploi des sucres bruts de Havane est aussi rationnel que celui des sirops, quand ils sont de première qualité, secs, d'un goût fin, purs et sans mélange.

Toutefois, le sirop de canne préparé, fabriqué sans acide, et spécialement destiné à la brasserie pour améliorer, couper et renforcer les bières, présente moins de danger, quant à la fermentation, que le sucre brut. Il produit une belle mousse et donne à la bière du corps, du liant et du moelleux. Ce sirop se vendant beaucoup moins cher que les sucres bruts, procure une économie de 25 p. c.

C'est également à ce sirop que les préparateurs bruxellois donnent la préférence. Leurs bières ayant peu fermenté, seraient perdues par une addition de sucre de betterave.

Les cassonades de candi, quand elles sont pures, peuvent être employées au coupage. D'un prix moins élevé que les sucres bruts, elles sont aussi moins riches en matière saccharine; on est ainsi obligé d'en employer de plus fortes quantités; quand elles sont de qualité inférieure, elles communiquent à la bière un goût plus ou moins fade, et en outre, elles sont portées à développer une fermentation rapide.

Elles ne peuvent donc guère être employées que pour les bières de peu de valeur et destinées à une prompte consommation. Pour les bières fines, comme pour la généralité des bières, il faut toujours leur préférer les bons sirops de canne.

Au reste, dans l'emploi et le choix de ces sucres, il reste une large part au jugement du préparateur, qui doit tenir compte du prix de vente de ses bières, de la facilité plus ou moins grande avec laquelle il peut s'approvisionner, et enfin du degré de moelleux et de vinosité de sa bière.

Mode d'emploi de ces sucres.—Tous ces sucres s'emploient au moment du mélange des bières.

Pour les sucres de Havane et la cassonade, on les délaye dans de la bière d'une manière très-complète et on les verse dans la tonne.

Si l'on veut conserver les bières, on doit renouveler l'opération au bout de quelques semaines.

Pour les sirops, il suffit également de les délayer dans de la bière et les verser dans le tonneau en quantité voulue au moment de l'expédition ou quelques jours avant. La bière sera bientôt mousseuse, pétillante et agréable.

On comprend qu'aucune indication précise ne peut être donnée sur la quantité à employer.

Quand on juge que la bière renferme assez d'alcool, — soit 3 à 6 p. c. — il suffit de communiquer à cette boisson la douceur, le moelleux voulus. Dans ce cas, on emploiera le sirop de canne au moment de la livraison au débitant ou au consommateur.

Si l'on recherche l'alcool, la mousse, l'acide carbonique, il faut laisser à la fermentation le temps d'élaborer ces éléments et de changer ainsi le goût sucré en un goût vineux, alcoolique.

DES BIÈRES
employées au coupage.

Une bière acide peut être employée avec avantage pour le coupage des bières qui doivent être livrées immédiatement à la consommation. Pour cela, il faut que le liquide soit franchement acide, ou, si l'on veut, que l'on ne reconnaisse dans la bière que la transformation de l'alcool en acide acétique.

Lorsqu'une bière a, outre le goût acétique, l'odeur désagréable qui accompagne toujours la fermentation putride des matières azotées, il n'y a pas le moindre des doutes, la bière doit être mise à l'essai par les meilleurs procédés pour la rétablir avant de l'utiliser par le mélange.

Le faro, que nous aimons à prendre pour exemple, parce que c'est un type très-remarquable de bière coupée, provient du coupage du lambic avec la bière de mars, c'est-à-dire de la bière forte avec la bière faible.

Dans cette préparation, on fait un coupage de vieille bière de lambic acidifiée avec de la bière de mars plus ou moins jeune, parce que l'acidité de la bière de lambic, convenablement associée aux matières sucrées, qui constituent la préparation du faro proprement dit, donnent au faro ce mordant ou ce goût fin légèrement acide qui fait le véritable cachet de cette bière.

Quand nous parlons d'acidité, nous n'entendons point ce goût acerbe de vinaigre . l'acidité de la bière, du lambic, par exemple, est toute autre chose; elle provient de la présence des différents acides lactique, hordéique, acétique, etc., développés lentement dans la bière; associée aux matières douces et sucrées, elle produit ce goût aigre-doux fort recherché des habitués et qu'on n'obtiendrait certainement pas avec du vinaigre seul.

Que les brasseurs des autres localités ne se mettent donc point en peine quand un de leurs brassins sera devenu acide. Ils peuvent toujours l'employer avec fruit dans le coupage des bières, mais pour cela, nous ne saurions trop leur recommander. d'user de grandes précautions, c'est-à-dire de ne pas livrer à la fois aux débitants de boissons trop de tonneaux de bière ainsi préparée, sans faire usage de sucre après le soutirage et le coupage, ainsi que nous l'avons dit précédemment. En toute chose, le brasseur doit, autant que possible, respecter le goût de sa clientèle.

A Bruxelles, on livre aux estaminets des lambics d'un an et demi à trois ans d'âge, après leur avoir fait subir une petite préparation qui consiste à verser dans chaque tonneau, de 250 litres, un kilogramme et demi environ à deux kilogrammes de bon sucre ou de sirop spécialement préparé pour la brasserie, et cela pour leur donner le mordant si recherché des vrais amateurs de bière.

Dans la préparation du faro, on coupe ordinairement moitié par moitié la bière forte ou lambic avec la mars ou petite bière.

Le lambic est le résultat des trois premières trempes cuites, refroidies et entonnées ensemble sans fermentation préalable.

La mars ou petite bière est le résultat des trois dernières trempes également cuites et entonnées ensemble.

Quelquefois, on réunit les deux chaudières de lambic et de mars avant leur entonnement; on a alors le faro qu'on laisse vieillir un an ou deux. Mais le plus souvent, on laisse vieillir le lambic seul, et on le livre aux débitants pour être coupé en proportion diverse avec la mars.

Pour colorer cette boisson, qui est naturellement assez pâle, vu que le lambic lui-même ne subi qu'une faible ébullition, on se sert d'un bon colorant végétal. Autrefois, on versait dans chaque tonneau quelques litres de bière brune ou fortement chaulée préparée spécialement pour ce but, mais cette vieille pratique s'est perdue presqu'entièrement, au grand bénéfice des préparateurs bruxellois.

Chez quelques préparateurs émérites, le coupage n'est pas aussi simple que nous venons de l'indiquer et constitue une manipulation beaucoup plus compliquée.

Ainsi, pour former un fût de bière de consommation, on se sert toujours des deux bières, faibles et fortes, mais, suivant le degré d'acidité, on tire quelquefois à cinq ou six tonneaux et même plus, de bières de différents âges, afin d'arriver au goût favori du consommateur. C'est pourquoi chaque estaminet a un type particulier de bière, parfaitement distinct des autres. Les bons estaminets gardent religieusement ce type et c'est là le grand art du préparateur, de savoir marier plusieurs bières d'âges et de goûts différents en quantités et qualités convenables pour arriver toujours à donner au mélange le même cachet de force et de saveur.

Ceci nous montre que le coupage n'est pas aussi simple qu'on pourrait le croire d'abord, et que pour réussir cette opération, il ne suffit pas d'avoir des notions plus ou moins précises sur les quantités à employer, mais qu'il faut encore un bon dégustateur, aidé d'une longue pratique.

A Bruxelles, de petits débitants vendent pour faro de la bière de mars dans laquelle on a mêlé un quart seulement de faro. Il y a aussi de grands estaminets où l'on boit du faro rendu supérieur par l'addition d'une plus forte quantité de lambic. Rien n'est précis à cet égard et tout est subordonné au goût des préparateurs.

Dans beaucoup de brasseries de bière brune ordinaire, on se sert des coupages pour faire écouler les bières jeunes pendant l'été, en les coupant avec des bières de garde ou de saison. De cette manière, on n'est pas dans l'obligation de faire, en temps opportun, autant de brassins de ces dernières; on peut brasser plus de jeunes bières en été et avoir ainsi plus de levûre à vendre en cette saison, moment où ce ferment est souvent fort rare et par conséquent fort cher; ce qui produit de plus grands bénéfices aux brasseurs qui emploient ce moyen.

La pratique a aussi depuis longtemps démontré que les mélanges des bières de 7 à 10 mois et même plus, avec un quart ou une moitié de bière jeune, acquièrent plus de montant, de moelleux et de mousse en dégageant plus d'acide carbonique (mousse qui a d'autant plus lieu qu'il y a de sortes de bière en mélange), et par cette nouvelle combinaison, satisfont les consommateurs lorsqu'on a donné le temps à ces bières de se faire ensemble et de composer un tout homogène.

Le coupage est encore d'une grande nécessité pour faire les bières moitiées et tiercées si en usage dans certains ménages et surtout dans certains hôtels où on les appelle bières de table.

Dans le Nord de la France, ces sortes de coupages sont fréquents. Ils procurent un bon emploi des petites bières et sont accompagnés d'avantages économiques que nous ferons ressortir plus loin.

Le coupage se fait aussi quelquefois avec des bières de mauvais aloi, soit que ces bières proviennent d'une fabrication défectueuse, soit de mauvais goûts de fûts, soit de bières de renvoi des détaillants, etc. Par le mélange avec d'autres bières, on s'étudie à déguiser et faire disparaître les vices. Les quantités à mélanger sont donc proportionnelles aux imperfections à travestir. On comprend aisément que ces coupages sont plus difficiles et plus délicats, qu'on doit y procéder avec la plus grande prudence, et seulement après avoir employé les moyens connus pour atténuer autant que possible les défectuosités des bières.

En Angleterre, le porter de la consommation ordinaire est formé de deux bières entières, l'une appelée porter doux et l'autre vieux porter.

Ces deux bières proviennent déjà de deux sortes de malt, le malt pâle ordinaire et le malt brun ou grillé, ce dernier employé dans la proportion de moitié de l'autre, et que dans les grandes brasseries, on brasse séparément.

Quand le porter est fait au printemps et destiné à la consommation d'été, on le conserve dans des foudres. Quelque temps avant les livraisons, pour former un baril de 36 gallons, on verse d'abord environ 9 gallons de vieille ale qu'on garde dans la brasserie et on remplit de porter. On ajoute en même temps le clarifiant, et quelquefois des épices et un peu d'alun et de carbonate de potasse. Les brasseurs de la province coupe en même temps leur porter avec une qualité de porter plus renommée qu'ils obtiennent des brasseurs de Londres.

Quand le porter est destiné à être conservé longtemps, on remplit le foudre avec trois quarts de porter frais récemment fermenté et un quart de vieille bière.

Dans beaucoup de districts, le porter est coupé

avec l'ale en *half-and-half* (moitié l'un, moitié l'autre); cette pratique se fait surtout dans les mois chauds au moment de la consommation et produit une boisson rafraîchissante, qui est très-demandée partout où elle peut être produite.

Les Anglais savent donc aussi apprécier que l'intérêt du brasseur réside en partie dans le coupage. Coupage et commerce de bières sont synonymes; car pour faire le commerce de bières, il faut pouvoir les livrer dans toutes les saisons, et pour livrer des bières en toutes saisons, il faut savoir les entretenir, les préparer, les couper, les marier, les mélanger.

LES DÉCHETS DE BIÈRE

et les fonds de tonneaux revivifiés et employés au coupage.

Beaucoup de brasseurs, inspirés par un bon esprit d'économie, cherchent à utiliser leurs déchets de bière en les transformant en vinaigre.

Il est certain que cette transformation n'est guère avantageuse, car elle occasionne au brasseur beaucoup d'embarras, et pour obtenir de ces déchets un vinaigre suffisamment corsé et conservable pour constituer un vinaigre marchand, il faut un appoint considérable d'alcool ou de sucre, et on rentre ainsi tout à fait dans les opérations du vinaigrier.

Il y a un moyen plus simple et plus naturel d'utiliser ces déchets.

Les bières d'une vinosité très-avancée voisine de l'acidité trouvent encore beaucoup de partisans, surtout dans les localités du Nord. Plutôt donc que d'installer cette fabrication de mauvais vinaigres dans de mauvaises conditions, voici ce que nous conseillons au brasseur :

Qu'il réunisse en fûts les déchets de bière qui s'accumulent successivement, et quand il en aura recueilli suffisamment pour remplir un demi-muid ou une pipe, qu'il procède de la façon suivante :

Après avoir délayé une faible quantité de sucre ou de sirop, qu'il y ajoute un peu de levûre et qu'il mélange bien cette solution à la bière dont il veut tirer parti. Puis, il soutire immédiatement en demi-muids ou pipes préalablement garnis de copeaux de noisetier. Sous l'influence de la fermentation nouvelle qui s'établira dans la masse et en raison de l'immense surface que présentent les copeaux, la bière, avec le temps, se clarifiera, s'épurera et grâce aux habitudes de certains consommateurs, pourra encore être utilisée fructueusement, ou bien directement, ou mieux coupée avec des bières jeunes et douces.

Le brasseur réglera lui-même les proportions du mélange et livrera ces bières de coupage à la consommation sans trop tarder.

Il y a là pour lui peu de travail et beaucoup de petits profits.

LA BIÈRE EN CHOPE
tirée de deux tonneaux.

Dans certaines contrées où le coupage est à peine connu de nom, il existe chez un grand nombre de consommateurs de bière un préjugé enraciné : ils considèrent comme un véritable attentat pour la bonne qualité du produit qu'on verse dans leur chope, de voir tirer la bière par deux robinets différents, c'est-à-dire, pour parler autrement, de voir que la chope de bière qui leur est servie est tirée de deux tonneaux, au lieu de ne l'être que d'un seul.

On peut dire cependant, qu'en bien des circonstances, il est de l'intérêt du consommateur que la bière qui lui est servie, soit tirée de deux tonneaux plutôt que d'un seul.

A l'époque, par exemple, où la consommation des bières de garde touche à sa fin, et où la fabrication des bières jeunes vient de commencer, étant données deux bières, l'une de conserve, en parfait état, l'autre fraîchement fabriquée et bien fabriquée, nous disons hardiment que dans le plus grand nombre des cas, pour la qualité de la bière débitée, il sera préférable de remonter la bière de garde par une large addition de bière jeune, c'est-à-dire de tirer la chope de bière à deux tonneaux différents, en tenant compte, bien entendu, des qualités diverses de ces bières.

Dans le Nord, l'écoulement de ces bières de garde ne souffre aucune difficulté, parce qu'on aime, on cherche même une bière vineuse, tirant même à l'acide.

Dans le Centre et le Midi, il n'en est pas de même. Pour les consommateurs de ces régions, une bière vineuse, une bière ayant perdu son effervescence et sa douceur est une bière impotable.

Et cependant, à la fin de la saison, les bières de garde, quelque bien conservées qu'elles aient été, par la force des choses, ne peuvent plus avoir cette vie active, cette douceur extrême que recherchent les amateurs de bières de Bavière.

Le prolongement de la fermentation, en décomposant la plus grande partie des matières sucrées de l'orge que la bière renfermait, a annihilé la douceur qui lui était communiquée, et d'un autre côté la fermentation, n'étant plus qu'insensible, ne saurait contribuer à former dans la bière cette mousse crémeuse et persistante que l'on trouve si abondamment dans les bières jeunes, et même dans les bières d'âge moyen; la mousse, en effet, n'est que le produit de la fermentation, et dès que, par la prolongation de la conserve, cette fermentation n'est plus qu'insensible, le dégagement du gaz ne saurait être abondant, et par conséquent la mousse ne saurait l'être davantage.

Si donc le limonadier ne tire qu'à un seul tonneau, ne sert que la bière très-jeune, par exemple, cette bière pourrait être très-moelleuse, très-sucrée, très-douce, très-mousseuse, mais elle serait privée de cet arôme fin et délicat, dû à la présence des éthers qui se forment pendant le prolongement de la fermentation tertiaire, et qui sont l'apanage et le cachet spécial des bières gardées un certain temps en cave.

Si, au contraire, il ne tire qu'au tonneau renfermant de la bière de garde, il peut arriver que cette bière soit tellement avancée dans sa fermentation, qu'elle ne présente plus ce pétillement de vie et de jeunesse, privilège seulement des bières au sein desquelles s'accomplit encore la fermentation.

Et d'aucune façon le consommateur ne serait satisfait.

Il résulte de là que lorsqu'on n'a à débiter

qu'une bière très-jeune, ou qu'une bière trop vieille, le meilleur mode de débit consiste encore à mélanger ces deux bières.

Il n'y a pas que les brasseurs qui comprennent les avantages de cette pratique; les consommateurs eux-mêmes, quand ils ne sont pas imbus d'un préjugé local, savent aussi les apprécier eux-mêmes. Ainsi que nous l'avons déjà dit, à Bruxelles, on entend souvent les amateurs demander un *half-en-half*, ce qui veut dire moitié lambic (bière forte) et moitié faro (bière déjà coupée). C'est là une habitude qui n'étonne et ne scandalise personne. Ces sortes de mélanges au moment du débit se font aussi avec les bières anglaises, à la demande des consommateurs.

Il est juste de dire cependant que les bières ainsi mélangées, n'ayant pas eu un peu de temps pour se faire, se combiner ensemble et composer un tout homogène, ne sont pas, sous le rapport de l'hygiène, dans les mêmes conditions que la bière entière. Jamais un mélange fait au moment même de la consommation, ne ressemble en rien à une combinaison faite sous l'influence de la fermentation. Jamais, par conséquent, une boisson ainsi mélangée n'est aussi bonne pour la santé. On dit même que des personnes, habituées dans leur pays à boire de la bière entière, ont été indisposées en se trouvant ailleurs obligées de boire de la bière mélangée, par l'irritation qu'elle occasionne à la poitrine et à l'estomac. Ceci peut être une affaire d'habitude.

Quoi qu'il en soit, nous préférons toujours une bière de coupage qui a eu le temps de subir une légère fermentation, à la bière mêlée dans la chope. C'est la fermentation, ce grand fondant, qui, seule peut réunir en un tout homogène les qualités diverses des bières qui composent le mélange.

Et c'est là un point important qui distingue le mélange des bières d'avec le mélange des vins. Les vins de coupage s'améliorent peu avec le temps ; les bières de coupage, au contraire, par un repos convenable, deviennent plus corsées et plus agréables.

Coupage de la bière avec de l'eau.

Il est permis de mouiller les alcools, les eaux-de-vie. Mais la loi défend de mettre de l'eau dans le vin destiné à la vente.

En est-il de même de la bière ?

Nous croyons qu'il ne faut pas regarder comme une addition tout à fait innocente d'ajouter une certaine quantité d'eau à de la bière faite.

Si la qualité propre de la bière ne devait pas énormément en souffrir, l'addition d'eau ne serait qu'une tromperie, comme pour le vin ; mais elle est en même temps nuisible au plus haut chef.

Il est vrai que l'eau est une substance inoffensive, mais ajoutée à la bière, cette substance communique à cette dernière une amertume désagréable et la rend même nuisible à la santé. Une bière faible sera toujours de meilleure qualité qu'une bière très-forte à laquelle, plus tard, on aura ajouté une certaine proportion d'eau.

L'eau servant au remplissage des tonneaux de bière qui arrivent dans la cave du débitant et qui ont subi un transport, ne peut pas être considérée comme nuisible si elle est employée en petite quantité. Mais si on ajoute à la bière une quantité proportionnellement plus forte d'eau, c'est tout autre chose, parce que, par cette addition, la bière acquiert soudain une amertume désagréable et peut même devenir nuisible à la santé.

Cette eau ainsi introduite sépare, isole en effet les principes amers et narcotiques du houblon que le brassage avait intimement liés aux autres éléments de la bière et dont il avait ainsi atténué l'action trop vive.

L'eau rend donc la bière plus enivrante, plus amère, et même préjudiciable à la santé.

A Bruxelles et dans quelques autres localités, on voit souvent boire dans les estaminets une chope composée mi-partie de faro ou lambic, et mi-partie d'eau. Pour combattre l'amertume résultant de ce mélange, et qui d'ailleurs est moins forte dans cette sorte de bière que dans beaucoup d'autres, on ajoute du sucre blanc. Les amateurs de bières faibles et douces, qui ne souffrent pas l'aigreur et la dureté du faro, aiment beaucoup cette boisson hybride. Elle plaît surtout aux femmes.

Cette espèce de coupage ne peut être recommandée en aucune façon, car s'il peut être pratiqué avec certaines bières, comme celles de Bruxelles, il nuirait beaucoup à la qualité et à la salubrité de la grande généralité des bières.

MÉLANGE DES MOUTS
de fermentation haute et de fermentation basse.

Des praticiens ayant mis du moût consécutivement en fermentation avec parties égales de ferment bas et de ferment haut, la fermentation s'est opérée dans des conditions assez satisfaisantes dans les commencements; mais le ferment haut ayant entraîné le ferment bas et la bière ayant perdu de sa valeur comme qualité, on a dû par la suite abandonner cette méthode.

Quelques observations faites dans le même sens ont prouvé que de la fermentation haute et de la fermentation basse, quand elles sont pratiquées dans le même local, il résulte que la fermentation basse a à souffrir du voisinage de la fermentation haute.

Ce fait paraît discutable et mériterait d'être confirmé; car rien ne semble prouver que si les deux fermentations sont accomplies à basse température, elles puissent avoir une mauvaise influence l'une sur l'autre.

Ce qui le prouve, c'est que l'application du kreusenbier (bière verte) provenant de fermentation basse, peut avoir lieu sur une bière de fermentation haute, comme de même le kreusenbier de fermentation haute peut être appliqué sur une bière de fermentation basse, avec un plein succès et sans le moindre danger. Il faut seulement, dans ce cas, prendre en considération que le kreusenbier de fermentation haute étant beaucoup plus actif et plus fougueux que celui de fermentation basse, il faudra l'employer en quantité moindre, toutes choses égales d'ailleurs.

MÉLANGE DES BIÈRES
de fermentation haute et de fermentation basse.

Beaucoup de brasseurs partagent l'avis que le mélange de deux bières, dont l'une a subi la fermentation basse et l'autre la fermentation haute, ne peut être pratiqué sans donner de mauvais résultats.

Nous croyons que c'est là un préjugé démenti également par la pratique et la théorie et dont ces brasseurs, dans leur propre intérêt, doivent se débarrasser au plus tôt.

Deux bières provenant de fermentations différentes, à la condition bien entendu qu'elles sont toutes deux limpides et bien fabriquées, peuvent sans inconvénient, et même avec avantage, être coupées comme deux bières fermentées par le même procédé.

La pratique démontre, en effet, que lorsqu'une bière jeune de fermentation haute a été bien brassée et qu'elle est mélangée à l'état limpide avec de la bière de garde de fermentation basse, nul inconvénient ne se produit dans le mélange des deux bières, que ces deux bières se marient parfaitement et que la bière finale qui en résulte n'est altérée en quoi que ce soit, ni dans sa limpidité ni dans son cachet.

Ainsi un grand brasseur allemand, qui faute de caves de garde assez vastes, avait dû pratiquer ce mélange, a trouvé que la bière de coupage était très-limpide et se comportait admirablement. Il a même trouvé à ce mélange un cachet plus délicat qu'à la bière de garde.

La théorie, d'autre part, ne saurait expliquer qu'il en pût être autrement; la fermentation insensible qui pourrait encore se développer dans ces bières ne peut, en effet, que s'attaquer au sucre qui forme de l'alcool, et aux éléments azotés qui constituent le ferment bas comme le ferment haut. Dans la fermentation haute à basse température, il se produit du ferment haut et du ferment bas; cela prouve que les deux genres de fermentation peuvent s'accomplir simultanément au sein du même liquide sans se contrarier aucunement. Pourquoi donc deux bières, fermentées différemment, mais qui ont épuisé leur fougue de fermentation, ne pourraient-elles pas se marier, s'allier intimement, comme deux bières fermentées par le même procédé ?

Dans le coupage d'une bière de fermentation basse avec une bière de fermentation haute, le mélange sera d'autant plus facile que les deux bières auront plus d'analogie; les bières de fermentation haute qu'on destine à ce but devront

donc, autant que possible, être fermentées lentement et à basse température, afin de les priver
du goût particulier de levûre que gagnent souvent les bières guillées à haute température.

Les bières de garde, additionnées ainsi de
bières plus jeunes qui ont complètement achevé
leur fermentation, sont en quelque sorte revivi-
fiées, puisque ces bières jeunes introduisent dans
toute la masse du liquide des éléments fermen-
tants.

Dès l'abord, ces bières de coupage n'ont pas le
goût des vieilles bières de garde; mais elles l'acquièrent par un repos de quelques jours, et en
attendant elles sont claires et pleines de vie.

L'opinion de Habich, qui parle d'après ses
propres expériences, est que non-seulement ce
genre de coupage ne présente aucun inconvénient,
mais qu'il est très-avantageux dans certaines circonstances et sert d'excellent clarifiant pour des
bières de garde qui manquent d'une parfaite limpidité.

On comprend, du reste, toute l'importance de
cette question, car si le mélange de deux bières
peut être opéré impunément, il s'ensuit que le
brasseur peut fabriquer moins de bière de garde
et plus de bière jeune en été, quitte à les mélanger en temps opportun.

C'est donc une ressource qui n'est pas à négliger et qui présente plusieurs avantages, notamment la faculté d'avoir moins de caves de conserve et de pouvoir produire plus de jeunes bières et de levûre en été.

DU MÉLANGE DES SAVEURS.

Les bières du Nord et les bières de Bavière.

Les bières trop amères ne conviennent pas autant pour le coupage, du moins avec des bières acides, par la raison que l'amertume et l'acidité sont deux saveurs qui ne se marient pas.

A ce propos, nous devons faire remarquer qu'il existe, dans les saveurs, comme dans les couleurs, comme dans les sons, une harmonie dont il faut tenir compte lorsqu'on veut pratiquer des mélanges. Le palais, comme les yeux, comme les oreilles, a ses exigences qu'on doit respecter.

Il ne suffit donc pas de dire, je vais mélanger ces bières; il faut se rendre compte d'abord des saveurs diverses qu'elles peuvent avoir, pour prévoir le résultat final de leur mélange et les proportions dans lesquelles elles doivent être réunies.

Dans la préparation des liqueurs, l'art du liquoriste consiste à tirer parti des fruits, des plantes et des semences qu'il a à sa disposition pour obtenir une boisson qui flatte le palais, en déguisant les parfums et saveurs peu agréables qui entrent dans la composition comme stimulants nécessaires, mais qui produiraient un effet détestable s'ils étaient en prédominance.

On a même prétendu qu'il serait possible d'établir une musique savoureuse, analogue à la musique accoustique. Comme cela peut être plus utile et plus vrai qu'il ne le paraît au premier coup d'œil, nous exposerons brièvement ce système, développé par l'auteur de la *Chimie du goût et de l'odorat.*

« L'agrément des liqueurs, dit-il, dépend du mélange des saveurs dans une proportion harmonique. Les saveurs consistent dans les vibrations plus ou moins fortes des sels qui agissent sur le le sens du goût, comme les sons consistent dans les vibrations plus ou moins rapides de l'air qui agit sur les sens de l'ouïe; il peut donc y avoir une musique pour la langue et le palais, comme il y en a pour les oreilles.

« Il est très-vraisemblable que les saveurs, pour exciter différentes sensations dans l'âme, ont, comme les corps sonores, leurs tons générateurs, dominants, majeurs, mineurs, graves, aigus, leur coma même et tout ce qui en dépend, par conséquent leurs consonnances et leurs dissonnances.

« Ces saveurs sont : 1° l'acide, *ut*; 2° le fade,

ré; 3° le doux, *mi*; 4° l'amer, *fa*; 5° l'aigre doux, *sol*; 6° l'austère, *la*; 7° le piquant, *si*.

« Dans la musique sonore, les tierces, les quintes, les octaves forment les plus belles consonnances ; mêmes effets précisément dans la musique savoureuse : Mêlez l'acide avec l'aigre doux, ce qui répond à *ut*... *sol*, le citron, par exemple, avec le sucre, vous aurez une consonnance simple, mais charmante en quinte majeure.

« Mêlez l'acide avec le doux, le suc de bigarade, par exemple, avec le miel, vous aurez une saveur passablement agréable, analogue à *ut-mi*, tierce majeure. Mêlez l'aigre doux avec le piquant, la consonnance sera moins agréable. Pour la rendre plus agréable, baissez ou haussez d'un demi-ton l'une et l'autre saveur, ce qui revient au *dièze* et au *bemol*, et vous trouverez un grand changement, etc.

« Les dissonnances ne sont pas moins analogues dans l'une et l'autre musique ; dans l'acoustique, frappez la quarte, vous produirez une cacophonie désagréable ; dans la musique savoureuse, mêlez l'acide avec l'amer, du vinaigre avec de l'absinthe, le composé sera désagréable ; en un mot, je regarde une liqueur bien entendue comme une sorte d'air musical. »

Quoique, en général, les bières ne visent pas

à des goûts aussi flatteurs, aussi harmoniques que les liqueurs alcooliques, on doit admettre que ce système a du bon et que l'apprêteur de bières fera bien d'en tenir compte.

Car si on relie aux principes précédents, les habitudes de goût des diverses localités et des régions climatériques, on trouvera facilement l'explication de certains faits qui ne sont pas sans importance au point de vue des procédés de fabrication de la bière.

Ainsi, par exemple, une bière du Nord *vineuse*, c'est-à-dire d'un certain âge, et une bière de Bavière *vineuse* sont deux boissons tout à fait différentes qu'on ne peut nullement traiter de la même façon.

La première est une bière agréable au goût du pays auquel elle est appropriée, qui a son cachet particulier, dans laquelle l'amertume ne domine pas, et dont une légère pointe d'acidité n'amoindrit nullement la qualité.

La bière de garde bavaroise, devenue acide, est tout autre chose; c'est une boisson absolument impotable. La forte proportion du houblon si énergique qui y a été introduite, jointe à l'acidité qui s'y est développée, alors qu'elle avait été fabriquée en vue de la soustraire précisément à cette acidité, font de cette boisson un breuvage

devant lequel reculent les plus intrépides esto-
macs.

Voilà pourquoi le brasseur du Nord, à peu
d'exceptions près, est toujours certain de la réussite de ses bières de garde. C'est parce que la
qualité essentielle des bières du Nord, et, avec
raison, il en doit être ainsi, est la vinosité.

Beaucoup sont amateurs des bières vieilles,
quelque peu aigrelettes. Ce sont là des qualités
qui ne peuvent manquer de leur arriver avec le
temps, un peu plus tôt, un peu plus tard, et
pourvu que la saccharification n'ait pas été défectueuse, l'alcool s'est formé, la bière est devenue
vineuse et une légère pointe d'acide est même,
dans beaucoup de localités, accueillie avec reconnaissance.

Les brasseurs du Midi et du Centre, au contraire, ont toujours pour leurs bières de garde ce
problème redoutable à résoudre :

Faire qu'une bière d'orge peu alcoolique, renfermant des quantités considérables de matières
azotées, conserve, après six à sept mois de fabrication, le degré d'extrême douceur qu'elle possé-
dait après six ou sept jours de fabrication, sans le
moindre soupçon de vinosité.

Et c'est pourquoi beaucoup y échouent, malgré
leurs caves creusées à 10 mètres du sol, leurs

glacières et leur kilogramme de houblon d'Allemagne par hectolitre.

C'est un jeu dangereux pour maint brasseur que la fabrication des bières de garde : bière de garde vineuse, bière de garde perdue !

On accepte la petite bière, fabriquée avec les plus détestables sirops, parce qu'elle accuse une certaine saveur sucrée de plus ou moins bon aloi. On n'acceptera jamais même comme petite bière une bière vineuse.

Et à Paris même, où la bonne bière du Nord a un certain nombre de partisans, il ne faut pas songer à la vendre et à la faire passer comme telle.

Bière du Nord *vineuse* et bière bavaroise devenue *vineuse*, sont deux boissons complètement distinctes. C'est par centaine de mille francs qu'il faut calculer la valeur des tonneaux de bière bavaroise devenue vineuse jetée au ruisseau chaque année.

Dans le Nord, vu le goût des consommateurs et la direction donnée à la fabrication, il est facile d'utiliser les bières aigrelettes et vineuses et de procéder à des coupages; les brasseurs s'épargnent de cette façon bien des déboires.

Dans le Centre et le Midi, on peut, ainsi que nous l'avons dit précédemment, procéder à plusieurs genres de coupages; mais ces manipulalions deviennent beaucoup plus difficiles que dans le Nord, quand on doit opérer sur des bières très-avancées en âge, et on doit procéder alors avec une grande circonspection.

SOUTIRAGES DES BIÈRES.

L'opération du mélange des bières nécessite toujours un ou plusieurs soutirages. Il résulte de là plusieurs inconvénients, tels que perte de liquide, échappement du gaz acide carbonique, exposition à l'air, agitation de la bière.

Nous avons dit qu'on atténue ces mauvais effets par une addition de sucre ou de sirop lors des coupages. Cependant il est possible, en procédant convenablement à l'opération du soutirage, d'éviter la plupart des inconvénients signalés ci-dessus.

Beaucoup de personnes soutirent la bière à la broche ou au robinet ordinaire, ce qui a fait appeler vulgairement cette manière le système au chaudron.

Mais ce système demande beaucoup de temps, puis beaucoup de peines, de manipulations et de travail; en outre, il est sujet à faire éprouver des pertes considérables, attendu qu'il faut mettre en perce chaque tonneau à soutirer, remplir des

seaux ou des chaudrons que l'on transporte ensuite l'un après l'autre dans un entonnoir placé
sur le tonneau à remplir ; ce qui ne s'effectue
jamais sans perte de liquide.

Le siphon, surtout en caoutchouc vulcanisé,
serait, de tous les appareils de soutirage, le plus
simple, le plus commode et le moins coûteux, s'il
ne fallait pas que la bière à soutirer fût plus élevée
que le fût dans lequel on veut la transvaser.

L'emploi du siphon est aussi le moyen qui empêche le plus la bière de s'éventer, l'évaporation
ne pouvant ainsi presque pas avoir lieu, parce
que l'influence de l'air est bien plus restreinte
que quand le liquide est tout à découvert ou à
l'air libre. Une fois que le siphon a été amorcé et
qu'il fonctionne, le liquide obéit seul à la pression
atmosphérique, et c'est cette pression, qui n'a
lieu que par un petit orifice, qui produit l'écoulement du tonneau à soutirer dans celui à remplir
totalement ou en partie.

Dans les celliers où les tonneaux sont mis sur
chantier et superposés en deux ou trois rangs, on
peut facilement, à l'aide du siphon, en plaçant sur
le sol les tonneaux vides ou à remplir, soutirer
les deux files supérieures de tonneaux pleins,
sans embarras, ni perte de bière, ni sans aucunement troubler la boisson.

Quand il reste à soutirer une rangée de tonneaux placés sur des poutrelles couchées sur le sol, on peut encore en effectuer le soutirage à moitié à l'aide du siphon, sans épanchement de bière, et sans travail; il ne reste donc par ce système que la moitié des tonneaux placés sur le sol à soutirer au robinet, ou à l'aide de l'air insufflé dans la partie supérieure du tonneau à vider, ce qui diminue et facilite considérablement le travail du transvasement.

Ces deux systèmes, qui ne demandent pour ainsi dire aucun appareil, sont ceux le plus en usage pour soutirer les bières. Dans les petites usines, on soutire le plus souvent à la broche ou au robinet à l'aide de seaux ou de chaudrons; pour le coupage et l'apprêt des bières, c'est le procédé le plus usité, parce qu'il permet de mesurer exactement les quantités de liquides versées dans un fût. Mais il est évident que l'emploi du siphon, quand les circonstances le permettent, est un moyen plus simple, plus prompt et plus économique.

Il existe d'autres systèmes de soutirage avec des appareils plus ou moins compliqués.

Un de ces moyens, qui est assez en usage, est le système de pression, qui consiste à introduire forcément une quantité suffisante d'air pour chasser le liquide au dehors, soit à l'aide d'une pompe à air comprimé, soit même à l'aide d'un fort soufflet.

Si les deux tonneaux sont au même niveau, on peut, en reliant par un tuyau les parties inférieures des deux fûts, soutirer la moitié de l'un dans l'autre, car l'écoulement aura lieu jusqu'à ce que le niveau soit le même dans les deux récipients. Un siphon dont les deux branches plongent dans les trous de bonde accomplira le même travail. Dans l'un comme dans l'autre cas, pour expulser l'autre moitié de liquide du fût à vider, il faut y établir une pression d'air ou de gaz au moyen d'une pompe ou d'un soufflet. Si l'on veut empêcher l'air d'avoir accès dans le fût, qu'on vient de remplir, il faut arrêter l'opération à temps, c'est-à-dire quand il reste encore un peu de liquide à transvaser.

Comme moyen de soutirage, ce procédé renferme certains inconvénients. L'écoulement n'étant pas uniforme et étant quelquefois entrecoupé de moments d'arrêt, il s'ensuit une trop grande quantité de mousse qui, très-recherchée quand c'est pour le débit dans les cafés et les estaminets, constitue ici une perte de bière et de temps pour l'industriel.

On peut aussi se servir d'un tube en communi-

_pation avec un appareil générateur d'acide carbonique, ce qui serait infiniment préférable pour la qualité de la boisson.

Un autre système et un des meilleurs connus jusqu'à ce jour, est celui des pompes circulaires, que l'on fixe au tonneau au moyen d'un robinet vissé et qu'on maintient au moyen d'un système d'attache particulier.

Ces pompes fonctionnent au moyen d'une manivelle et donnent un écoulement non interrompu. Il en existe plusieurs systèmes.

Un des plus récemment inventés se compose d'un tube en caoutchouc élastique sur lequel roule, dans un encaissement cylindrique, un galet entraîné par un volant, qui lui-même est mu à l'aide d'une manivelle. Le galet, en roulant ainsi sur le tube, pousse devant lui les liquides ou les gaz contenus dans ce tube, celui-ci reprend immédiatement sa forme après avoir été comprimé, le vide se forme, le liquide est poussé derrière le galet par la pression atmosphérique et expulsé rapidement à la révolution suivante du galet. On comprend facilement comment le liquide, entrant par l'extrémité du tube plongeant dans le liquide à transvaser, est nécessairement refoulé à l'autre extrémité. En résumé, cette pompe forme un véritable siphon dans lequel passe le liquide, sans

être soumis au battage qu'il subit dans les systèmes ordinairement employés.

Ces pompes rotatives, malgré leur prix assez
élevé, sont sujettes à des accidents, et c'est sans
doute pour cette raison que l'usage en est encore
peu répandu dans les brasseries.

Quand il s'agit de soutirer des bières, soit d'un
seul tonneau, soit de plusieurs tonneaux à la fois,
mis en pile sur chantier, on peut employer le
moyen suivant.

On fixe au chantier un conduit principal qui
peut aboutir, soit au tonneau à remplir, soit à
une pompe de débit. A ce tube viennent se ratta-
cher plusieurs tubes en caoutchouc, qui communiquent chacun avec un tonneau du chantier. Le
tout muni de robinets. A l'aide de ceux-ci, on
peut, ainsi regler, soutirer et débiter des bières
entières ou coupées en proportions diverses.

Quand on ne se sert pas de ces appareils, on
ne doit pas, autant que possible, entreprendre le
transvasement ou soutirage de la bière sous une
faible pression atmosphérique, parce qu'alors tout
l'acide carbonique s'échappe pendant cette opération.

VIEILLISSEMENT DES BIÈRES TROP JEUNES.

Le goût jeune de la bière embarrasse beaucoup de brasseurs, surtout à l'époque où les bières de garde sont épuisées et où la campagne d'automne commence. Ce goût amer et doux vient froisser les habitudes des consommateurs et n'est guère un encouragement à la consommation. Aussi, les brasseurs bien avisés s'efforcent-ils de masquer cette saveur autant que possible.

Ce goût particulier est dû au glucose que la fermentation n'a pas encore transformé, et à la résine de houblon qui reste isolée et qui n'a pas encore eu le temps de s'incorporer dans les autres éléments de la bière. Il faut donc, ou bien laisser vieillir la bière pour neutraliser l'action du glucose, ou bien y ajouter un élément qui, par son goût opposé, vienne modifier la saveur dans le sens désiré.

Un moyen d'accélérer la fermentation secondaire qui doit vieillir la bière, c'est de la mettre dans des tonneaux à copeaux, alors qu'elle n'a encore que peu fermenté, c'est-à-dire qu'elle est encore chargée de particules de levure. On tient ces tonneaux remplis jusqu'à la bonde en spignant

beaucoup l'écoulement de la levûre. Quand la
est bière devenue claire, on se rend journelle-
ment compte de son degré de fermentation, qui
se développe très-rapidement dans ces conditions;
et quand elle est atténuée suffisamment, on la
soutire dans un tonneau de garde (sans copeaux),
que l'on bondonne, si c'est nécessaire. Aussitôt que
le tonneau à copeaux est vidé, il doit être rempli
de bière jeune; s'il restait vide quelque temps, la
bière qu'on y mettrait pourrait s'altérer et prendre
un goût de levûre.

Si l'on tient le tonneau à copeaux continuellement en usage, on peut s'en servir pendant longtemps; et en effet, lorsque la clarification ne
s'obtient plus, il est temps alors d'épurer les
copeaux. — Il ne suffit pas de rincer et d'échau-
der le tonneau à copeaux; il doit être ouvert, et
les copeaux doivent être enlevés et nettoyés à
fond avec une brosse.

Lorsque le débit ne permet pas d'attendre que
cette fermentation accélérée ait mûri les bières
jeunes, Habich conseille d'améliorer le goût trop
doux par l'addition d'un acide. Mais dans ce cas,
il ne faut pas avoir recours à un acide ayant une
odeur particulière, comme le vinaigre, qui a en
outre le défaut de pousser la bière vers l'acétifi-
fication. Il faut se servir d'un acide inodore, et

le plus convenable, en ce cas, c'est l'acide tartrique.

Cet acide n'introduit aucune substance hété-
rogène dans la bière ; on sait qu'il se trouve dans
tous les vins. Depuis longtemps, les brasseurs
berlinois mettent de l'acide tartrique dans leurs
bières blanches.

On vendait, il y a quelques années, un secret
pour améliorer les bières. Ce moyen consistait
tout simplement à ajouter à la bière, peu de temps
avant la consommation, une petite quantité de
sucre pulvérisé mêlé d'acide tartrique.

Les jeunes bières, étant assez douces, n'ont pas
besoin de sucre. Il suffira donc d'employer l'acide
tartrique dans une proportion minime, soit d'environ une partie en poids pour 1,200 parties en
poids de bière.

Nous ferons remarquer que l'acide tartrique
employé à la dissolution de la colle pour la clarification artificielle, joue naturellement ce rôle.

La proportion d'acide, au reste, doit être me-
surée d'après le degré d'acidité que l'on désire
obtenir.

La présence de l'acide tartrique ne change
rien à la composition de la bière et ne peut nuire
aucunement à sa maturation subséquente, tandis
que l'addition de vinaigre serait un danger con-

tinuel pour la boisson, en la prédisposant à une altération acéteuse. Au contraire, cette pointe d'acidité sera un palliatif bienfaisant à l'effet desséchant et irritant produit sur les muqueuses de la bouche par la résine du houblon.

Mais un autre moyen qui nous paraît préférable, lorsqu'il peut être pratiqué, c'est de couper ces bières, ainsi que nous l'avons précédemment indiqué, avec des bières plus vieilles, qui leur donnent à la fois le goût et l'arôme des bières faites.

Par l'application de ces procédés, il ne faut pas s'attendre à communiquer à la bière jeune toutes les qualités de la bière mûrie en tonneau, ni à lui enlever les légers inconvénients qu'entraîne sa consommation abusive. Mais on atteindra au moins le but qu'a en vue le débitant, de relever le goût de la boisson et de la rendre plus agréable à boire.

Les coupages après l'entonnement sont-ils autorisés par la loi ?

En Belgique, le brasseur acquitte la taxe que l'Etat réclame sur la fabrication de la bière, d'après la contenance de sa cuve-matière. Il tire de celle-ci le produit le plus abondant et le plus convenable qu'il peut, et il fait ensuite de sa bière ce qu'il lui plaît. L'Administration ne fait donc aucune distinction dans la qualité des bières taxées et elle n'a, par conséquent, jamais songé à interdire les coupages avant ou après l'entonnement. Bien plus, les sucres, indigènes ou exotiques devant payer, avant leur sortie des entrepôts, un droit de consommation ou d'accise élevé, elle a toujours toléré l'addition de sucre ou de sirop aux bières fabriquées, que le débitant mélange, prépare et édulcore dans sa cave comme il l'entend.

Pour le brasseur belge donc, point de difficulté de ce côté; et il faut le dire, c'est un des rares avantages de la législation belge.

En est-il de même en France? L'impôt frappant ici la quantité de bière fabriquée et distinguant les deux qualités de bière, la forte et la petite, on a souvent voulu interdire le mélange de ces bières, même après l'entonnement.

Que la loi interdise le mélange des deux sortes de bière pendant la fabrication, dans la cuve-guilloire, jusqu'à ce que les deux quantités de bière aient été bien déterminées, c'est ce que l'on peut prétendre avec quelque raison.

Mais lorsque ces bières ont été fabriquées légalement et séparément, que l'on veuille encore défendre au brasseur d'en user au mieux de ses intérêts, ce serait évidemment fausser l'esprit de la loi. Aussi, les coupages sont-ils pratiqués librement après entonnement dans beaucoup de localités en France.

Cette interprétation nous semble conforme à l'esprit de la législation française.

MM. Saillet et Obbo disent à ce sujet :

« En établissant le droit sur les bières à la fabrication d'après la contenance de la chaudière, et en affranchissant de toute formalité la circulation de cette boisson, la loi a donné implicitement par le fait à tout brasseur qui a fabriqué un brassin, en se conformant aux lois prescrites, la faculté de couper, après l'entonnement, le produit de ce brassin, soit avec la bière provenant d'une fabrication précédente, soit avec de l'eau froide, pourvu que cette eau soit simple, qu'elle n'ait passé sur aucun des marcs ou résidus des matières ayant servi à la fabrication de la bière, et que, lorsqu'il y a emploi d'eau chaude pour le coupage, le brasseur n'ait pas fait chauffer cette eau dans l'une des chaudières destinées à la fabrication de la bière. »

Ces principes toutefois ne sont pas absolus et comportent des exceptions suivant les circonstances. Lorsque, par exemple, les employés se présentent chez un brasseur peu de temps après qu'un brassin a été entonné, s'ils trouvent des bières *chaudes* outre celles qu'il leur aura représentées comme étant tout le produit du brassin, ils ne doivent pas admettre l'obligation du mélange après l'entonnement, et ils sont fondés à saisir les bières par eux découvertes, parce qu'il sera évident, ou tout au moins peu contestable, que ces bières proviennent d'une décharge partielle ou d'une fabrication frauduleuse, ou que le brasseur ne les a séparées du reste de l'entonnement que pour soustraire à la prise en charge un excédant qui serait passible des droits comme s'élevant à plus du dixième de la contenance nette de la chaudière de décoction.

Il pourrait aussi y avoir contestation, par exemple, si le mélange ou repassage d'une certaine quantité de bière vieille avec la bière forte se faisait entre l'entonnement de la bière forte et de la petite bière, sans qu'on n'en eût fait une déclaration spéciale.

Les coupages après entonnement ne constituent donc pas une infraction à la loi française et n'ont aucun rapport avec certains moyens frauduleux par lesquels on pourrait abuser du droit différentiel. La loi a prescrit des conditions de fabrication pour la forte et la petite bière ; elle exige qu'elles soient faites dans des chaudières séparées, refroidies à part et entonnées à des heures différentes. Mais dès que les quantités sont constatées à l'entonnement, elle n'interdit pas de mêler, dans des conditions diverses, ces deux sortes de bières ; de faire, par exemple, deux hectolitres de bière moyenne, en prenant un hectolitre de forte bière payant 2 fr. 40, et un hectolitre de petite payant 60 centimes, de manière à avoir une bière ne payant qu'un droit moyen de 1 fr. 50.

Le droit différentiel actuel est établi selon la valeur vénale du liquide, les 60 centimes qui pèsent sur la petite bière sont proportionnels aux 2 fr. 40 qui frappent la bière forte.

L'esprit de la loi de 1816 est donc qu'il peut être fait des qualités de bière payant un droit en proportion de leur valeur, afin de favoriser les classes les moins aisées. Or, les coupages, ainsi que nous venons de le voir, au moyen de la combinaison des deux taxes, proportionnent naturellement le droit au degré et conséquemment à la valeur de la bière.

Ce qui constituerait une fraude, c'est que si le brasseur, déclarant qu'il brasse de la petite bière dans sa deuxième chaudière faisait, à l'insu des employés et contrairement aux dispositions de la loi, un mélange des deux sortes de bière, soit dans la chaudière, soit sur les bacs refroidissoirs; il obtiendrait ainsi une seule qualité de bière qu'il vendrait au prix de la forte. Évidemment, cette manœuvre aurait pour effet de frustrer le trésor en ne lui payant qu'un droit réduit, et de plus elle ne serait pas avantageuse pour le consommateur, puisqu'on vendrait toute la bière fabriquée au prix le plus élevé. Mais le brasseur ne pourrait arriver à ce résultat qu'en contrevenant plusieurs fois aux dispositions de la loi, et la surveillance des employés doit être efficace pour prévenir ces fraudes.

Au reste, si l'interdiction était faite aux brasseurs français de mélanger, après la fabrication terminée, de faire, par le mélange des bières fortes et faibles, des bières *moitiées* et *tiercées*, il leur resterait toujours la ressource de couper les bières fortes entre elles, aussi bien que les petites bières d'un brassin avec celles d'un autre. Ce serait encore un point important, puisque cette latitude permettrait de corriger par des contraires les défauts d'un brassin.

Le coupage de la bière avec de l'eau est-il autorisé par la loi?

Nous avons examiné dans un précédent article l'influence de cette opération sur la qualité du produit, et nous n'avons pas hésité à la condamner.

Il nous reste à voir, en outre, si cette manipulation est compatible avec les dispositions de la loi française, la loi belge, ainsi que nous l'avons déjà vu, n'ayant rien à voir dans le coupage des bières.

Si l'on consulte la jurisprudence suivie en cette matière, on reconnaîtra qu'elle interdit expressément l'addition d'eau à la bière, soit qu'elle soit en cours de fabrication, soit qu'elle soit complétement terminée.

L'eau ainsi ajoutée augmente en effet le volume de la bière, sans acquitter les droits, et comme l'impôt a la prétention d'atteindre toute la bière livrée à la consommation, il paraît certain que le coupage avec de l'eau constitue une contravention.

La loi défend de mélanger la petite bière, ou plus exactement la bière de repassage, fabriquée sans ébullition et n'acquittant aucun droit, avec aucune autre espèce de bière.

Or, cet article doit s'appliquer également au mélange d'une bière quelconque avec de l'eau, la bière de repassage et l'eau ayant ici beaucoup d'analogie.

Un jugement rendu par le Tribunal correctionnel de Paris confirme cette interprétation, et dénie au brasseur le droit de couper ses bières avec de l'eau ou avec de la bière de repassage. Ce jugement concerne le mélange de la bière forte avec de la bière de repassage et non avec la petite bière imposée, ce qui serait tout différent. Car il nous paraît impossible de refuser au brasseur, en principe, la faculté de disposer à son gré de ses bières imposées, lorsque ce brassin est dans ses caves et qu'il a satisfait à toutes les prescriptions de la loi.

. Voici ce jugement avec ses préliminaires :

L'article 114 de la loi du 28 avril 1816 est ainsi conçu :

« La petite bière fabriquée sans ébullition sur « des marcs qui auront déjà servi à la préparation

« de tous les brassins déclarés, sera exemptée de
« tout droit pourvu qu'elle ne soit que le produit
« d'eau froide versée dans la cuve-matière sur
« ces marcs, qu'elle ne soit fabriquée que de jour,
« qu'elle n'excède pas en quantité le huitième des
« bières assujetties au droit pour un des brassins
« précédents, et qu'en sortant de la cuve-matière,
« elle soit livrée de suite à la consommation, sans
« être mélangée d'aucune autre espèce de bière.
« — A défaut d'une de ces conditions, toute la
« petite bière fabriquée sera soumise au droit,
« indépendamment des peines encourues pour
« fausse déclaration s'il y a lieu. »

En septembre 1854 et en février 1855, les employés du service des contributions indirectes ont
dressé des procès-verbaux contre trois brasseurs
de bière établis à Paris, afin de constater qu'ils
avaient clandestinement mélangé de la bière dont
la fabrication était censée terminée et qu'ils en
avaient ainsi accru le volume dans un but frauduleux.

Suivant la réponse faite aux employés par le
représentant d'un des brasseurs, la bière qui avait
été saisie chez ce brasseur était le produit d'une
partie des deux brassins entamés la veille, coupée
avec de la vieille bière et de l'eau froide.

Chez le sieur T..., il n'aurait été fait, au dire

du gérant, que de la petite bière à laquelle on avait ajouté 18 hectolitres d'eau froide *pour opérer un coupage.*

Quant au sieur D..., le jugement ci-après fait connaître en quoi il avait contrevenu aux réglements.

Le Tribunal a condamné séparément ces trois prévenus.

Voici l'un des jugements qu'il a prononcés :

En ce qui touche le sieur D...,

« Attendu que les employés de l'administration des contributions indirectes sont autorisés par l'article 125 de la loi du 28 avril 1816, à visiter les maisons, brasseries, ateliers, magasins, caves et celliers des brasseurs, à l'effet de constater toutes les contraventions aux lois concernant la perception des impôts établis au profit du Trésor public et des communes.

« Attendu qu'il résulte du procès-verbal rédigé le 18 février 1855 par lesdits employés, que le 14 du même mois, à 2 heures du soir, il avait été entonné 38 hectolitres 25 litres de bière forte dans la brasserie de D..., et que le dit jour 18 février, à 10 heures du matin, ils ont trouvé dans l'entonnerie 55 hectolitres 50 litres de bière forte en état de fermentation ;

« Que D..., pour expliquer cet excédant, dit

que ne vendant que de la petite bière, il était dans l'obligation de couper la bière forte dans la proportion de quatre parties d'eau contre une de bière ;

« Attendu que, même en admettant que les employés aient commis une erreur en qualifiant bière forte les liquides trouvés chez D... le 18 février, il serait encore établi par leur procès-verbal qu'il a contrevenu aux dispositions des lois fiscales qui régissent la matière;

« Attendu, en effet, que l'ensemble de ces dispositions démontre que l'impôt sur les bière, est un impôt de consommation, et que toutes celles qui sont destinées à être consommées dans l'intérieur sont soumises aux droits établis, soit au profit de l'Etat, soit au profit des communes;

« Que dans le but d'assurer la perception de l'impôt, le législateur a déterminé les conditions auxquelles serait assujettie la fabrication ; qu'il a établi, en termes précis, la distinction entre les deux espèces de bière; qu'il a voulu que les employés fussent avertis à l'avance, aussi bien quand il s'agit de la fabrication de la petite bière que lorsqu'il s'agit de la bière forte ;

« Attendu que la petite bière n'est affranchie de l'impôt que lorsqu'elle a été faite dans les circonstances énumérées en l'article 114; qu'à défaut de ces conditions prévues par le dit article, elle est soumise aux droits ;

« Attendu qu'il suit de là, en premier lieu, que les brasseurs ne peuvent sous aucun prétexte et par quelques procédés que ce soit, autre que celui énoncé en l'article 114, fabriquer de la petite bière sans remplir les formalités prescrites, notamment en ce qui concerne l'avertissement à donner aux employés et sans payer les droits ; en second lieu, que celui qui fait subir clandestinement à la bière fabriquée, suivant le mode ordinaire, une modification quelconque tendant à en augmenter le volume avant de la livrer à la consommation, commet une fraude à la loi ; qu'*ainsi le simple mélange d'eau avec la bière forte constitue une contravention;*

« Attendu que vainement D... objectera que ce mélange ne peut avoir lieu que dans une proportion telle que le droit étant acquitté sur la bière, le mélange par lui pratiqué contient quatre pièces d'eau et une seule de bière forte. Qu'il est même certain que l'on peut obtenir facilement un liquide tellement chargé des substances provenant des céréales employées dans la fabrication, qu'en la mélangeant avec quatre pièces d'eau, même dans une proportion moindre, on produirait de la bière

de la qualité de celle qui est livrée habituelle-
ment à la consommation;

« Attendu, d'ailleurs, que D... ne s'est pas
borné à mélanger de l'eau avec de la bière forte;

» Que l'état de fermentation dans lequel les
employés ont trouvé la liqueur démontre que D..,
pour avoir un plus grand volume, a fait usage de
procédés secrets ;

« Que lui-même, interrogé à l'audience du 4
mai, a acquiescé sans réserve aux explications
que venait de donner un autre brasseur, qui dé-
clarait qu'après avoir dédoublé la bière, il ajoutait
du levain pour renouveler la fermentation ou la
raviver;

« Qu'ainsi il a opéré une nouvelle fabrication
en dehors des règles et de la surveillance prescrites avec tant de soin par la loi ;

« Attendu que de tout ce qui précède, il résulte que D... a contrevenu aux dispositions de
l'article 129 de la loi du 18 avril 1816;

« Qu'il a de même contrevenu à l'article 36 du
règlement de l'octroi de Paris.

« Condamne D... à 200 francs d'amende pour
contravention à l'article 120.

« A 100 francs d'amende pour contravention
au règlement de l'octroi.

« Prononce la confiscation des 55 hectolitres 50 litres de bière.

« Et le condamne aux dépens. »

Malgré qu'il faille tenir compte, dans le cas dont il s'agit, de la circonstance très-aggravante de la remise en fermentation des bières mélangées d'eau, on doit admettre que l'addition d'eau à la bière est, au point de vue hygiénique comme au point de vue fiscal, une opération dont tout brasseur consciencieux doit s'abstenir.

Les mélanges de bières en cuve-guilloire sont-ils permis?

Jusqu'à présent, nous avons eu en vue les mélanges de bières après leur fermentation, c'est-à-dire après la fabrication entièrement terminée.

Mais, ainsi que nous l'avons déjà dit, ces mélanges peuvent aussi se faire lors de la fermentation, soit qu'on fasse fermenter ensemble la bière forte et la petite bière fabriquées en même temps, soit qu'on repasse à la cuve-guilloire une certaine portion de bières précédemment fabriquées, soit enfin qu'on fasse fermenter ensemble plusieurs brassins fabriqués à peu de temps d'intervalle.

Ces mélanges, devant subir l'influence de la

fermentation principale, seraient bien préférables, sous le rapport de la qualité et de la conservabilité du produit, aux mélanges faits après la fermentation, si les législations, d'une part, et la difficulté d'évaluer les proportions du mélange, d'autre part, n'étaient des circonstances qui rendent cette opération difficile et quelquefois impraticable.

En Belgique, aucune prescription de la loi ne s'oppose à la pratique des coupages, pas plus avant la fermentation qu'après l'entonnement.

En France, où la loi distingue et impose spécialement deux sortes de bière, le mélange de la bière forte avec la bière faible d'un même brassin sont interdits en cuve-guilloire, c'est-à-dire avant que les deux espèces de bière, forte et faible, aient acquitté leurs droits respectifs, d'après les quantités vérifiées à l'entonnement.

Ce mélange avant l'entonnement n'est pas explicitement défendu par la loi, mais la défense de l'opérer résulte suffisamment des prescriptions relatives à la fabrication de la petite bière.

Ainsi, le refroidissement de la bière étant parvenu au degré voulu, on fait descendre les bières dans des cuves nommées guilloires; on les met en levûre, puis on procède à la mise en tonneaux. La séparation de la forte et de la petite bière est exigée dans les cuves-guilloires, et, pour plus de garantie, on ne peut procéder à l'entonnement de la petite bière que six heures après celui de la forte bière.

Dans les localités du Nord de la France, où le prix de la bière est excessivement bas, et où l'on boit peu de fortes bières, la majeure partie, sinon la totalité, des petites bières, sur lesquelles le droit de fabrication n'est que de 60 centimes par hectolitre, sert à des mélanges avec des bières fortes qui sont frappées d'un droit de 2 francs 40 centimes, et les brasseurs obtiennent ainsi une bière de bonne qualité, qui peut être livrée comme bière forte et ne supporte qu'une taxe réduite. Ces mélanges se font après l'entonnement, c'est-à-dire lorsque les bières fortes et petites ont payé les droits d'après leur force et qualité, et alors ils ne frustent plus les intérêts de personne.

On comprend que ce serait une manière facile d'éluder une partie de l'impôt, qui ne manquerait pas de se généraliser au détriment des intérêts du Trésor, si on tolérait que le mélange des deux brassins (bière forte et petite bière) eût lieu dans la cuve-guilloire, c'est-à-dire avant l'entonnement.

Il suffirait, en effet, d'employer les matièrse

premières dans une proportion plus forte que d'ordinaire, de telle sorte que la drèche qui a servi aux deux premières trempes soit peu épuisée; on pourrait obtenir par la fermentation que l'ensemble des deux brassins soit une véritable bière forte. Il serait donc à craindre, qu'en se généralisant, l'abus dont il vient d'être parlé n'eût pour résultat une perte notable pour le Trésor. Le droit différentiel ne serait plus alors qu'une fiction; le droit réel pourrait n'être que de 1 franc 50 centimes, moyenne des deux droits de 2 francs 40 centimes et de 60 centimes.

Dans quelques localités du Nord, ou l'Administration doit respecter des habitudes séculaires, on tolère les coupages à l'entonnement et même à la cuve-guilloire. Mais ce n'est là qu'une tolérance.

Étant admis cependant le principe que le brasseur est libre, l'entonnement de la bière terminé, de faire de cette bière ce que bon lui semble, de mélanger du moût nouveau avec de la bière ancienne, sans qu'il soit besoin pour opérer ce coupage, d'aucune déclaration préalable, on peut se demander si ce n'est pas donner gratuitement une grande besogne aux brasseurs en les empêchant de mélanger à l'entonnement, puisque, cette opération terminée, ils sont libres de faire de leurs bières ce que bon leur semble.

Comme nous l'avons vu plus haut, l'Administration française, en généralisant cette tolérance, pourrait ouvrir la porte à des abus qui compromettraient la perception régulière des impôts. Voilà pourquoi elle refuse de l'accorder.

Les procédés de brasserie sont partout adaptés aux besoins locaux et ont amené dans les divers lieux des tolérances forcées, qui sont au reste compensées par des restrictions compatibles avec les procédés de fabrication.

Notons ici qu'il y a une différence essentielle à faire entre les coupages de bière forte et de petites bières d'un même brassin, et les repassages de vieilles bières sur les houblons, cette dernière manipulation étant autorisée par le fisc, moyennant une déclaration préalable, ainsi que nous le verrons plus loin.

L'art de l'administration est d'appliquer la loi selon les exigences réelles du pays; mais si les concessions qu'elle fait, et qu'elle doit faire, sont indispensables, il serait dangereux de les insérer dans la loi, parce que chaque tolérance particulière, au lieu de demeurer localisée, ne tarderait

7

pas à se généraliser, et l'on tomberait dans le chaos, en compromettant la perception.

Voilà pourquoi aussi nous devons tous rechercher, parmi les nombreux systèmes qu'on peut employer pour taxer la bière, celui qui, possédant une base scientifique assez sûre, ne compromettrait pas les intérêts du Trésor public, tout en laissant au brasseur une liberté suffisante pour pratiquer ce que lui commande son intérêt pendant comme après la fabrication.

En attendant ce siècle d'or de la brasserie, les brasseurs français doivent se voir interdits les coupages, avant l'entonnement, de bière forte et de petite bière.

Repassage de vieilles bières à la cuve guilloire.

Les pièces ci-dessous se rapportent à la question du *repassage des bières* à la cuve-guilloire, et bien que ce procès remonte à un certain nombre d'années, il n'a rien perdu de son actualité, et ne peut manquer d'intéresser les brasseurs français.

Nous devons faire observer que, depuis l'époque où a eu lieu ce procès, l'administration française, avec un esprit d'équité et de bienveillance dont il faut la louer, n'a plus mis d'entraves au repassage des bières, moyennant une déclaration formelle et préalable du brasseur. Chaque fois donc qu'un brasseur a l'intention de repasser une certaine quantité de bière, il doit en faire une mention spéciale dans sa déclaration.

Extrait d'une lettre de M. B... à M. le directeur général des contributions indirectes.

« M. Chalain, contrôleur de cette ville, parmi diverses observations qu'il m'a présentées, m'a dit que tout excédant à la contenance brute de ma chaudière qui serait reconnu lors de mes entonnements serait saisi, et que je serais de plus consi-

déré comme étant dans le cas prévu par l'art. 111
de la loi du 28 avril 1816, lequel prononce en
ces circonstances une amende contre les brasseurs, — et cela, quand même je leur aurais déclaré, ainsi que je l'ai fait continuellement, que je
repassais une certaine quantité de bière.

« J'ai peine, je l'avoue, à me rendre compte
d'une décision prise si inopinément contre moi,
quel qu'en soit d'ailleurs le motif. La loi, en effet,
ne dit nulle part qu'il est défendu de repasser des
bières. Son silence sur cet article doit donc être
interprété en faveur du contribuable, et la seule
réflexion conduisait à le permettre. Comment, en
effet, priver un contribuable de réparer par ce
moyen des bières de mauvaise qualité, ce qui,
hélas ! ne se rencontre que trop souvent dans les
brasseries?

« Là, d'ailleurs, n'est pas le seul motif que
j'aie à alléguer, et bien qu'il me répugne à le
faire connaître, chaque brasseur étant très-aise
de garder par devers lui son mode de fabrication,
je dois vous dire cependant, forcé et contraint
par cette circonstance, que je n'en agis ainsi que
pour la meilleure qualité de ma bière.

« Pour mettre cette dernière en fermentation,
au lieu de levûre, pâte compacte et épaisse, laquelle, délayée dans un volume de bière même

considérable, y reste longtemps en suspension en la troublant, il me suffit, en effet, de mélanger au jeune moût une certaine quantité de bière vieille, toujours dans un grand état de limpidité et qui n'offre pas l'inconvénient qu'entraîne l'emploi de la levûre, tout en provoquant une meilleure et plus régulière fermentation.

« Ce travail, d'ailleurs, n'est pas nouveau chez moi. Depuis huit années, je n'ai cessé de procéder de cette manière, et c'est au hasard que je dois la découverte de ce perfectionnement dans ma façon de fabriquer, ayant commencé à en faire l'emploi pour réparer de mauvaises bières, lesquelles, loin de préjudicier à la bière de bonne qualité, la rendait meilleure encore et plus limpide.

« Je borne là mes observations, qui pourront vous être confirmées par vos employés, lesquels ont assez souvent assisté aux repassages des bières, et bien persuadé que je suis qu'elles suffiront pour vous convaincre.

« Quoi qu'il en soit, je me conformerai à la loi, et ne donnerai lieu à aucun procès, en tant que j'ignorerai l'article de cette loi auquel je puis contrevenir.

« Recevez, etc.   B... »

« L'an ..., nous, soussignés, certifions nous
être transportés ce matin, à cinq heures, dans la
brasserie du sieur B.. , à l'effet d'assister à l'entonnement des bières qu'il dit avoir fabriquées,
suivant déclaration de mise de feu, pour un brassin de forte bière et un brassin de petite. Le travail a été reconnu exact jusqu'au moment de l'entonnement. Seulement, lorsque deux d'entre nous
se sont présentés hier, à six heures du soir, pour
reconnaître si la bière forte était au bac, le
sieur B... a représenté vingt-deux quarts de
soixante litres chacun, pleins de bière qu'il a dit
vouloir repasser ce matin dans la cuve-guilloire
avec son brassin de bière forte, et huit autres,
aussi de soixante litres chacun, pleins de bière,
en disant qu'il les repasserait aussi à la cuve-
guilloire sur la petite bière qui doit être entonnée
ce soir.

« Sur cette observation du sieur B... on lui a
fait observer que cette opération établissait une
contravention à l'article 111 de la loi du 28 avril
1816, et que nous ne pourrions pas la recevoir.
À quoi il a répondu qu'étant prévenus d'avance,
nous pourrions assister au versement des bières
anciennes avec les nouvelles dans les cuves-guilloires; que, par conséquent, nous pourrions nous

rendre compte des quantités introduites et de celles retirées.

« Il a dit de plus que depuis fort longtemps il travaillait ainsi par suite de son expérience, et nous a sommés de reconnaître que chaque fois qu'il brassait on avait reçu pareille déclaration ; que souvent on avait assisté au versement de la bière ancienne sur la nouvelle à la cuve-guilloire; et que chaque fois on avait reconnu l'entonnement en déduisant la bière ajoutée; à quoi il a été répondu que, frappé de ce qu'il pouvait y avoir d'irrégulier dans cette manière de procéder, le contrôleur de ville avait cru devoir en faire un rapport à M. le directeur de ce département, et que celui-ci ayant instruit l'administration, elle avait répondu que les employés, en tolérant ce genre d'appréciation avaient contrevenu aux dispositions de l'article 3 précité qui le prescrit formellement. C'est ainsi qu'arrivés à la brasserie, nous avons assisté à toute l'opération de l'entonnement de la bière forte, et avons compté..... d'excédant. M. B... a reconnu l'exactitude du compte, qui s'élevait à 30 hectolitres 50 litres au lieu de 16 hectolitres 75 litres. Nous avons déclaré lui saisir comme brassin frauduleux l'excédant tout entier, attendu qu'il dépasse de plus du dixième la contenance brute de la chaudière de bière forte.

« Pendant la rédaction du présent, le sieur B... nous a représenté huit quarts de bière qu'il allait verser dans la cuve-guilloire.

« Le sieur B... reconnaissant l'exactitude de tous les faits établis ci-dessus, et connaissant sa solvabilité, nous lui avons offert la main levée de vingt-deux quarts de bière forte et de huit quarts de petite bière saisie, à la charge d'en représenter la valeur à toute réquisition de justice. A quoi celui-ci ayant refusé, nous lui avons déclaré que nous effectuerions, immédiatement après la rédaction du procès-verbal, le transport de ladite bière au bureau central de l'octroi..... » :

L'affaire étant venue par devant le tribunal civil de Caen, l'administration conclut :

« Vu le procès-verbal dressé et vu la contravention du sieur Auguste B... à l'article 111 de la loi du 28 avril 1816 ;

« Lui faisant l'application de l'article 129 de ladite loi, prononcer à son profit la confiscation de trente barils de bière saisis, condamner le sieur B... en 300 francs et aux dépens. »

Le sieur B... conclut à ce qu'il plût au tribunal

dire à tort l'action de la régie, avec dépens, et la condamner :

« 1° En 324 fr. pour prix de 22 quarts de bière forte à raison de 12 fr. l'un, et huit quarts de petite bière à raison de 7 fr. 50 l'un ;

« 2° En 150 fr. pour prix de 30 barils indûment saisis ;

« 3° En 45 fr. pour répétition des droits d'octroi, à raison de 1 fr. 50 par baril ;

« 4° En 500 fr. pour le tort occasionné par le manque de bière ;

« 5° En 1200 fr. pour le dommage que le sieur B... éprouvera en ne pouvant plus réclamer ses barils là où il les trouverait ;

« 6° Et en 6,000 francs pour le fait d'avoir forcé le concluant à rendre publique sa manière de travailler.

« Et dans le cas où le tribunal ferait difficulté d'accorder les dommages-intérêts conclus, dire que par experts, que le tribunal nommera d'office, il sera fait une estimation du dommage occasionné au concluant, les dépens en ce cas réservés. »

Voici comment le tribunal motiva son jugement :

« Considérant que l'action de l'administration

des contributions indirectes contre le sieur B...,
en vertu du procès-verbal des employés, en date
du 3 de ce mois, est fondée sur ce qu'après une
fabrication de bière faite par le sieur B..., il se
serait trouvé un excédant à la contenance de deux
chaudières, qui constituerait une contravention
prévue par l'art. 111 de la loi du 28 avril 1816 ;

« Considérant que, d'après les explications et
les renseignements que fournit le procès-verbal
rédigé contre le sieur B..., il demeure constant
que l'excédant qui a pu exister est provenu uni-
quement de ce que ledit sieur B... avait repassé
une certaine quantité de bière ancienne dans celle
nouvellement fabriquée ; qu'ainsi la cause de cet
excédant est parfaitement connue, et qu'il n'y
a eu lieu d'admettre la supposition faite par l'article 111 de la loi du 28 avril 1816 ; qu'il provien-
drait d'un brassin non déclaré ; que, dès lors, le
sieur B... ne se trouve pas dans le cas prévu par
cet article, dont on ne peut, par conséquent, faire
l'application contre lui ;

« Considérant que, pour qu'il y eût contravention reprochable du sieur B..., il faudrait qu'une
disposition législative lui défendît de faire l'opération à laquelle il s'est livré dans l'intérêt de son
commerce, en repassant de la bière ancienne dans
celle qu'il venait de fabriquer, et qu'on ne peut

produire aucun texte formel de loi qui prononce
cette défense ;

« Considérant qu'il n'est pas méconnu par l'administration que la bière ancienne qui a été repassée dans la nouvelle avait acquitté les droits ;
qu'il résulte des énonciations contenues au procès-verbal que le sieur B... avait eu soin de déclarer
préalablement aux employés l'opération à laquelle
il voulait procéder ; qu'ainsi il les avait mis à
portée de surveiller cette opération, et qu'il ne
peut s'élever à cet égard le moindre soupçon de
fraude contre ledit B... ;

« Considérant que la contravention reprochée
au sieur B... n'existait pas, il doit obtenir mainlevée de la saisie qui a été faite par les employés
de l'administration et restitution des objets saisis;
que la bière et les barils, dont la saisie a été indûment faite, devront lui être remis dans l'état
où ils étaient lors de la saisie, et que s'il y a
déficit ou détérioration, l'administration devra lui
en tenir compte en réparation du préjudice qui en
résulterait pour lui ;

« Considérant que pour se soustraire au payement de cette indemnité, l'administration ne peut
argumenter avec raison de ce que le procès-verbal
indique que les employés ont offert au sieur B...
de conserver en sa possession les objets saisis,

parce que rien n'obligeait ledit sieur B... d'accep:er cette offre;

« Considérant que l'administration, en remettant au sieur B... les barils et les bières saisis, et en lui tenant compte du défaut et de la détérioration qui seraient reconnus exister, satisfera suffisamment à la réparation du préjudice qu'elle lui aurait causé, et qu'il n'y a pas lieu d'accorder audit sieur B... les autres dommages-intérêts auxquels il conclut, parce qu'il ne justifie pas d'une manière positive qu'il ait manqué la vente de la bière saisie, et qu'il ne peut se plaindre de ce que l'action dirigée contre lui l'aurait forcé à faire connaître un procédé particulier qu'il aurait employé dans la fabrication de la bière, puisqu'il reconnaît que depuis longtemps ce procédé avait été pratiqué par lui au vu et au su de tous les employés admis à faire les vérifications dans sa fabrique, et qu'il n'était pas un secret dont il se fût attribué la propriété exclusive;

« Le tribunal, ouï le substitut du roi, déclare mal fondé l'action des contributions directes contre le sieur B..., dit à tort la saisie des vingt-deux quarts de bière forte et des huit quarts de petite bière faite par les employés de cette administration;

« En conséquence, fait main-levée de cette saisie et condamne l'administration des contributions indirectes à faire remise audit sieur B... des objets saisis et à lui tenir compte, à titre de dommages-intérêts, du déficit et de la détérioration que ces objets seraient reconnus avoir éprouvés depuis la saisie jusqu'au moment de la restitution ; condamne en outre ladite administration aux dépens et rejette les plus amples demandes en dommages-intérêts du sieur B... »

L'administration ne se tint pas pour battue, et alla en appel ; mais la Cour de Caen confirma le jugement par les motifs suivants :

« Considérant que l'article 111 de la loi du 28 avril 1816 porte, à la vérité, que l'excédant de plus du dixième à la contenance brute de la chaudière fera supposer un brassin non déclaré ; mais qu'en rapprochant cet article des autres dispositions qui se trouvent sous le même chapitre, on demeure convaincu qu'il n'a eu d'autre but que de soumettre aux droits du fisc toute la bière nouvellement fabriquée, et de punir les fraudes qui pourraient résulter d'un brassin non déclaré ; que, dans l'espèce actuelle, si les faits articulés étaient prouvés, il en résulterait que toute la bière nouvellement fabriquée a payé les droits, mais que l'excédant, au lieu de provenir d'un brassin non déclaré, provient d'un repassage d'ancienne bière qui avait également payé les droits; que B... avait même offert à l'administration, afin de la mettre à portée de surveiller son opération, de lui déclarer d'avance la quantité d'ancienne bière qu'il voulait repasser, d'où suit que l'article 111 n'est pas applicable;

« Considérant que ce mélange ou repassage, dans lequel B... prétend trouver de grands avantages pour son commerce, n'est prohibé par aucune autre disposition de loi; qu'il semble même avoir été autorisé d'une manière implicite par l'art. 113, qui prohibe formellement la fabrication avec un même brassin de la forte et de la petite bière, sans appliquer la même prohibition pour le mélange de l'ancienne avec la nouvelle;

« Considérant qu'on ne saurait méconnaître que cette opération rend plus difficile la surveillance de l'administration, mais que c'est au pouvoir législatif à y pourvoir, et que les tribunaux ne sont pas autorisés pour cela à étendre les dispositions de l'article 111, à un cas autre que celui pour lequel il a été fait;

« La Cour, pour ces motifs, et adoptant en outre ceux des premiers juges, confirme le jugement dont est appel avec dépens. »

Il résulte de ce qui précède qu'il y a une distinction essentielle à faire entre les coupages des bières d'un même brassin et les repassages de vieilles bières. Les premiers sont interdits, les seconds sont autorisés, lorsque le brasseur en donne préalablement avis aux employés.

Faute de cette déclaration préalable, les agents du fisc verbaliseront toujours; le brasseur doit donc, pour éviter tout malentendu, lorsqu'il a de vieilles bières à repasser, en faire une mention spéciale sur sa déclaration de mise de feu.

MÉLANGE DE PLUSIEURS BRASSINS.

Fermentation simultanée dans les mêmes cuves.

Certains brasseurs trouvent avantageux de fabriquer plusieurs brassins à court intervalle, et de les réunir ensuite pour la fermentation.

Ce travail, tout en économisant le levain, est favorable à la fabrication. Souvent employé dans le brassage des bières d'hiver et de conserve, il consiste à mélanger, pendant la fermentation, deux ou trois brassins fabriqués à des époques différentes.

Voici comment M. Bauby, dans son *Guide raisonné*, décrit ce genre de travail :

« Lorsqu'un premier brassin est terminé et mis en levûre, on l'entonne dans trois ou quatre cuves à fermenter, par quantités égales. Le travail de la fermentation commence et on laisse la purure se produire jusqu'à la fin. Le surlendemain de ce premier entonnement, un second brassin a dû être préparé, de façon à pouvoir être divisé dans les cuves, avant, autant que possible, le commencement de la fermentation de levûre du premier. Pour mettre en levain le second moût il est besoin de n'employer qu'un tiers de la quantité ordinaire de levûre. Quant au troisième brassin il doit être commencé le jour même de l'entonnement du second, afin de pouvoir, le lendemain, être réparti dans les cuves, en le réunissant aux deux premiers, mais sans avoir été mis en levain.

« Cette méthode indiquée, nous l'expliquons ;

« Le second brassin a été réuni au premier au moment où finissait la fermentation neutre et où allait commencer la fermentation active. Il n'était donc pas nécessaire d'y mettre la même quantité de levûre que dans le premier, en raison de la chaleur produite et du travail déjà donné par le premier moût. Ces deux brassins réunis vont produire un excès de ferment bien suffisant pour le troisième, que, pour cette raison, on fabrique le jour même de l'entonnement du second, et que l'on entonne le lendemain sans levûre.

« Ces moûts, successivement descendus dans la masse en fermentation, la troublent nécessairement, mais il n'y a pas à s'en préoccuper, le travail suivra son cours régulier.

« Nous croyons inutiles de plus longues explications pour faire comprendre que le premier brassin, déjà en fermentation depuis trois jours, le second, depuis vingt-quatre heures, ont produit assez de levûre pour amener la fermentation du troisième.

« Les cuves doivent être suffisamment grandes

8

pour que les moûts réunis ne les emplissent qu'aux trois quarts; le vide restant doit servir à maintenir le produit de la fermentation.

« Ce travail peut se faire aussi bien avec la fermentation haute en cuves qu'avec la fermentation basse, en ayant bien soin d'observer que le deuxième brassin soit descendu quarante-huit heures après le premier, de façon cependant que cette réunion se fasse, autant que possible, entre la fermentation de pururo et celle de levûre. Quant au moût du troisième brassin, il doit pouvoir y être joint au bout de vingt-quatre à trente heures.

« Quoique cette fermentation puisse se faire avec deux brassins seulement, il est bien préférable de la faire avec trois; la bière acquiert beaucoup plus de finesse.

« Il est de toute nécessité que la température des moûts du second et du troisième brassin soit inférieure à celle du premier, au moment de leur réunion, afin d'arrêter le peu de chaleur déjà dégagée par la fermentation, et ralentir cette fermentation même. »

Législations étrangères sur le coupage.

En Bavière et d'autres contrées d'Allemagne, le mélange des bières fortes et des bières faibles est prohibé.

En Angleterre, également, le coupage des bières fortes, c'est-à-dire du porter et de l'ale avec la bière de table, est expressément interdit par la loi. Voici textuellement comment sont conçues les dispositions qui règlent ce point :

« Le brasseur patenté qui mélange ou fait mélanger de la bière forte avec de la bière faible, ou de l'eau dans une cuve-guilloire, après que la déclaration de la masse en fermentation a été faite déjà, ou qui mélange ou fait mélanger de la bière forte avec du moût faible, ou avec de l'eau dans un tonneau, baquet, ustensiles autres que cuve-guilloire, est passible d'une amende de 200 livres sterling.

« Si quelques brasseurs patentés ou débitants mélangent ou font mélanger de la bière forte avec de la petite bière ou avec de l'eau dans un vase quelconque, ils sont passibles d'une amende de 200 livres sterling. »

On considère comme bière double, toute bière ou ale dont le baril coûte plus de 18 shellings et qui paye actuellement 10 shellings d'accise par

baril, et toute bière dont un baril coûte moins
que 18 shellings, doit être considérée comme
petite bière et payer 2 shellings d'accise par baril.

Le droit unique et les coupages.

Au moment où nous écrivons, il est question
de remplacer en France le droit différentiel (2 fr.
40 c. pour la bière forte, 60 centimes pour la
petite bière) par un droit unique de 2 fr. 40 c.
frappant toute espèce de bière produite, sans
distinction de force ni de qualité.

Ce mode d'impôt, s'il est adopté, annule nécessairement la plupart des restrictions que nous
avons formulées précédemment comme devant
être observées dans les coupages de bière forte et
de bière faible, car puisque toutes les bières
payent le même droit, rien ne s'oppose plus à les
mélanger quand et comme on l'entend.

Mais cette liberté ne sera pas d'un grand profit,
vu qu'on ne pourra guère en user, et ce droit
unique aura pour résultat principal de jeter
une perturbation profonde dans les habitudes de
certains centres de fabrication.

Ce mode de taxation, irrationnel en principe,
injuste dans son application, en frappant également
ment la bière forte et la petite bière, aurait pour
conséquence fatale de rendre la fabrication de cette

dernière impossible et d'enlever ainsi aux mélanges et coupages la majeure partie de leurs avantages économiques.

C'est ce dont il est facile de se rendre compte.

Dans les régions où les coupages sont d'un usage habituel, un droit unique, soit au taux de la bière forte, soit même au taux moyen des deux taxes, créera une charge très-lourde qui déroutera non-seulement le brasseur, mais qui retombera directement sur les classes pauvres. Et l'on doit comprendre si cette amélioration sociale sera bien accueillie dans ces classes si éprouvées, où fermentent continuellement, — on en a eu bien souvent des preuves, — des idées subversives de révolution et de revendication.

D'après la loi française actuelle, le brasseur peut fabriquer autant de bière forte que de petite bière.

Pour sa bière forte, il paye un droit de 2 fr. 40 par hectolitre.

Pour la petite bière, un droit de 60 centimes.

En mélangeant ces deux sortes de produits, il obtiendra une boisson qui payera un droit proportionnel et qu'il pourra par conséquent livrer à un prix moindre que la bière forte.

Ainsi, dans les contrées du Nord, la bière forte se vend à 16 fr. l'hectolitre; la bière tiercée forte, à 13 fr.; la bière moitiée, 10 fr.; la bière tiercée petite, 8 à 9 fr.; la petite bière sans mélange, 5 fr.

On a de cette manière un article à la portée de toutes les classes et de toutes les bourses.

Les coupages sont un puissant stimulant de la consommation, l'expérience et les statistiques le démontrent, et le fisc, loin d'avoir ses intérêts lésés, ainsi qu'on l'a insinué, y trouvé au contraire son bénéfice, vu la production plus grande de bière forte.

Ces bières de coupages ont un double avantage, elles sont préférées dans les ménages à la bière forte, et elles sont meilleur marché.

Lorsque, grâce à ce système, une famille a par exemple consommé deux hectolitres de bière moitiée, elle a en réalité consommé un hectolitre de bière forte, qu'évidemment elle n'aurait pas bu en nature. Voilà pourquoi les arrondissements où l'on coupe, occuperont toujours le premier rang pour la consommation.

Lorsqu'il a été une première fois question de remplacer le droit différentiel par le droit unique s'élevant à la moyenne des deux taxes, les brasseurs de Strasbourg et de l'Est l'ont réclamé avec insistance, parce que, dans ces régions, les bières petites ou mélangées sont inconnues; la bière y est simple et identique toujours, et de cette façon, ils auraient profité de la diminution résultant de la différence entre la taxe proposée et la taxe de la bière forte.

Les brasseurs de Paris, qui emploient beaucoup de glucoses, et qui ne font pas de petite bière dans le sens de la loi, auraient aussi volontiers accepté ce changement.

Mais en proposant la taxe unique égale au droit qui frappe la bière forte, ces avantages disparaissent et la proposition se résume, pour eux aussi, en une aggravation d'impôt.

La conséquence de ce système, c'est que la bière deviendra dans les régions du Nord, comme dans celles de l'Est, une boisson de cabaret, une boisson de luxe, qui ne sera plus à la portée des classes pauvres et qu'on remplacera par Dieu sait quel breuvage !

Les brasseurs qui comprennent bien leurs intérêts ne devraient pas rester indifférents à cette question des coupages; ils devraient au contraire s'opposer à toute disposition législative qui pourrait mettre entrave à cette manipulation économique.

Comme les mélanges de vins, les mélanges de bières doivent être considérés comme un moyen d'amélioration, de correction.

Un vin trop dur demande une addition de vin

plus sucré; celui qui est trop sucré réclame l'aide
d'un vin sec et plus ou moins vert; avec un vin
noir, on donne de la couleur à celui qui est pâle;
celui qui est sans éclat emprunte du brillant et de
la légèreté au vin blanc; tandis que le faible cor-
rige l'excès de force et de chaleur de celui qui est
trop lourd ou trop chaud. L'un et l'autre se prê-
tent aide et secours pour faciliter mutuellement
leur écoulement.

Ne voyez dans tout cela que l'accomplissement
des lois de l'hygiène, d'une sage économie pratique, en même temps que des services honnêtes
et avouables rendus au commerce spécial, à la
production même, qu'un excès de puritanisme mal
entendu conduirait tout droit à des pertes sèches,
et finalement à des ruines.

Il ne suffit pas de fabriquer du vin et de la bière,
il faut les vendre.

Brasseurs, soyez en même temps commerçants,
sachez vendre vos bières. Ne dites pas, en vous
croisant les bras : — moi, je ne brasse qu'avec
l'orge et le houblon; je livre mes bières en nature;
je ne les coupe pas; je ne vends que la bière forte.
— Avec ces grands mots, vos maigres bénéfices
s'en iront à la rivière avec quelques brassins
perdus.

Il n'est point d'exemple plus frappant des précieuses ressources qu'offrent les coupages, des bénéfices qu'ils procurent, que ce qui se passe à Bruxelles.

Malgré l'énorme consommation de bière qui se fait dans cette capitale, elle ne compte pas plus de 60 brasseries.

L'importation des bières du dehors est insignifiante.

Toutes ces bières consommées viennent des préparateurs, qui achètent leur bière aux brasseurs, ou la font brasser eux-mêmes.

Avec une tonne de forte bière et une tonne de petite, le préparateur fait deux tonnes de bonne bière sans compter les autres bières de ménage.

Le brasseur est ici l'industriel qui a besoin d'un fonds d'établissement et de roulement considérable, et fait de pauvres affaires. Le préparateur, avec ses magasins et quelques milliers de tonnes, est le trafiquant qui fait des affaires d'or.

Et ce n'est pas cependant le prix élevé de débit qui les favorise; dans aucun pays, croyons-nous, on n'offre à la consommation une bière aussi forte pour le prix minime de 12 à 15 centimes la chopé, qu'on demande à Bruxelles.

Bien plus, que les matières premières soient à un prix exorbitant ou à vil prix, les débitants bruxellois laissent passer la crise avec une assez grande indifférence. Pourquoi? Parce que, quand le grain est bon marché, les brasseurs ne font pas de petite bière ; celle-ci sert de trempe pour la fabrication du lambic ; on jette les premières trempes d'un brassin avec les dernières trempes du brassin précédent, on condense ainsi le produit, et on le conserve en cave, où il se bonifie. Vienne une année de cherté, c'est ce produit qu'on débite en le coupant avec la bière récemment fabriquée.

Avec le droit unique, les brasseurs français devront en venir là.

Pour nous, quoi qu'il arrive, nous dirons aux brasseurs :

Soyez en même temps brasseurs et préparateurs.

Disons pour finir que, sous l'empire de n'importe quelle législation, un bon brasseur qui sait bien couper, bien apprêter, bien fortifier ses bières, trouvera toujours dans cet art une ressource des plus précieuses.

Puissions-nous, par cette dissertation, avoir aidé la brasserie à trouver cette mine d'or inépuisable !

FIN.

TABLE DES MATIÈRES.

FIN DE LA TABLE.

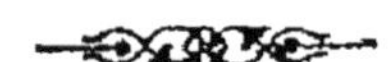